2008中国年谱

看这30年

连玉明 武建忠⊙主编

中国时代经济出版社

图书在版编目（CIP）数据

看这30年/连玉明，武建忠主编.—北京：中国时代经济出版社，2009.1

（2008中国年谱·丛书）

ISBN 978-7-80221-779-9

Ⅰ.看… Ⅱ.①连… ②武… Ⅲ.政治-大事记-中国-2008 Ⅳ.D5

中国版本图书馆CIP数据核字（2008）第195578号

看这30年

连玉明 武建忠⊙主编

出 版 者 中国时代经济出版社

地　　址 北京市西城区车公庄大街乙5号

鸿儒大厦B座

邮政编码 100044

电　　话 （010）68320825（发行部）

（010）88361317（邮购）

传　　真 （010）68320634

发　　行 各地新华书店

印　　刷 北京佳信达恒智彩印有限公司

开　　本 787×1092 1/16

版　　次 2009年1月第1版

印　　次 2009年1月第1次印刷

印　　张 14.75

印　　数 1~5000册

字　　数 218千字

定　　价 38.00元

书　　号 ISBN 978-7-80221-779-9

序 2008中国年谱

今天是2008年的最后一天，确切地说是最后几个小时。

在我的人生中，从来没有像此时此刻如此的不平静。大悲大喜之后激越与伤感的泪水在心灵深处流淌。这泪水为谁而流，为什么而流，流的又是什么？或许，这正是弘一大师所说的“悲欣交集”吧！

2008年是不平凡的。春的严酷，夏的磨难，秋的悲愤，冬的忧思。盛夏的北京奥运使炽热的盛夏扬眉吐气，严冬的金融海啸让寒冷的严冬雪上加霜。不期而至的惊恐和喜悦同时与我们相伴。

2008年是分明的，又是混浊的；是激情的，又是悲壮的；是轰轰烈烈的，又是危机四伏的。经历着2008年的每一个人，都经历着一种震憾。这种震憾让人性闪耀光芒，让大爱彰显力量。

2008年即将成为历史。2008年的喜、怒、哀、乐、悲、恐、惊也将伴随时光的推移被我们渐渐忘却。历史不会重演，但历史往往有着惊人的相似。2008走了，下一个2008还会来吗？假如2008重演，我们又将会怎样呢？

生活是没有假如的。历史的车轮总是滚滚向前。2008年是我们行进中的坐标，我们不能停下脚步。但脚下的路、路上的辙、辙上的印记却会深深地铭刻我们的记忆中，也许这些印记会使我们的前行更自信、更稳健、更豪迈。

人总要经历许许多多的跨越。每个跨越中既充满着希望，也潜伏着危机。我们期待着春天的永恒，我们却经历着冬天的考验。紧迫感和危机感时刻伴随着我们。在这个瞬息万变的时代，唯有惶者才能生存。

每一个人都是自己命运的缔造者。若能在美丽中欣赏美丽，在痛苦中觉醒痛苦，在烦恼中关照烦恼，在悲哀中超越悲哀，在贪婪中拯救贪婪；在每一个生活的片断中保持坚毅的心情、豁达的气度、宽广的胸襟，在每一个生命的历程中弘扬善良、温厚、友谊、爱和勇气，那么，我们就会排除彷徨，战胜磨难，节制欲望，拒绝诱惑，在困境中坚定信心，从危难中积聚力量，找到一个新的起点。

我们永远在路上。我们要有结伴而行的激情，也要有独自高歌向前的豪迈；要有正视困惑的勇气，又要有搜寻出路的毅力；要有自豪感，更要有危机感。繁荣的创造是轰轰烈烈的，而危机的到来却是不知不觉的。冬天来了，冬天会很冷。一个智者说，没有预见，没有预防，就会冻死。谁有棉衣，谁就会活下来。

我们每一个人，准备棉衣了吗？

2008年12月31日

2008 中国年谱 看这30年

最辉煌的成就

最难忘的事件

最活跃的地区

最杰出的人物

最经典的作品

最辉煌的成就

2008
中国年谱
看这30年
Kanzhe 30nian

改革开放硕果累累的30年

以1978年党的十一届三中全会为标志，我国进入了改革开放的历史新时期。30年来，中国共产党团结带领全国各族人民，坚定不移地推进体制改革，毫不动摇地促进对外开放，取得了社会主义现代化建设举世瞩目的巨大辉煌成就，实现了人民生活由温饱不足向总体小康的历史性跨越，赢得了我国在国际经济社会的影响力和地位的空前提高，中国经济社会的面貌从此发生了历史性的变化。

国民经济上大台阶

1978年，我国国内生产总值只有3645亿元，在世界主要国家中位居第10位。人均国民总收入仅190美元，位居全世界最不发达的低收入国家行列。改革开放的30年，是我国经济蓬勃发展的30年，30年间经济实现了世界少有的年均9.8%的增长速度。1979—2007年，国内生产总值年均实际增长9.8%，不仅明显高于1953—1978年平均增长6.1%的速度，而且也大大高于同期世界经济年平均增长3.0%的速度。国内生产总值由1978年的3645亿元迅速跃升至2007年的249530亿元。其中，从1978年上升到1986年的1万亿元用了8年时间，上升到1991年的2万亿元用了5年时间，此后10年到

2001年平均每年上升近1万亿元，2001年超过10万亿元大关，2002—2006年进入高速增长期，平均每年上升2万亿元，2006年超过20万亿元，在此基础上，2007年一年又增加3.76万亿元。

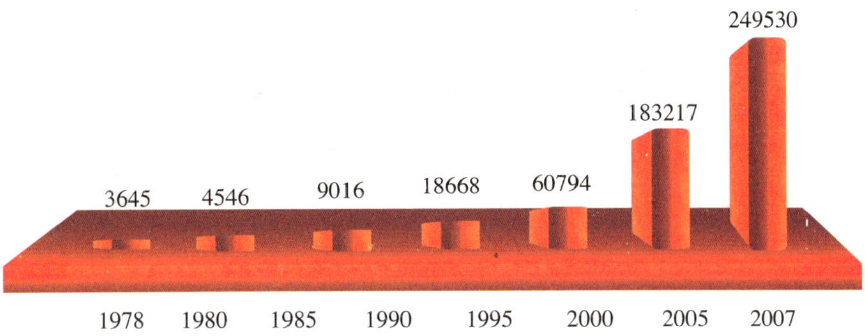

1978—2007年国内生产总值

人均国内生产总值成倍增加

人均国内生产总值在由1978年的381元上升到1987年的1112元后，1992年达到2311元，2003年超过万元大关，达到10542元，到2007年又迅速攀升至18934元，扣除价格因素，2007年比1978年增长近10倍，年均增长8.6%。人均国民总收入也实现同步快速增长，由1978年的190美元上升至2007年的2360美元。

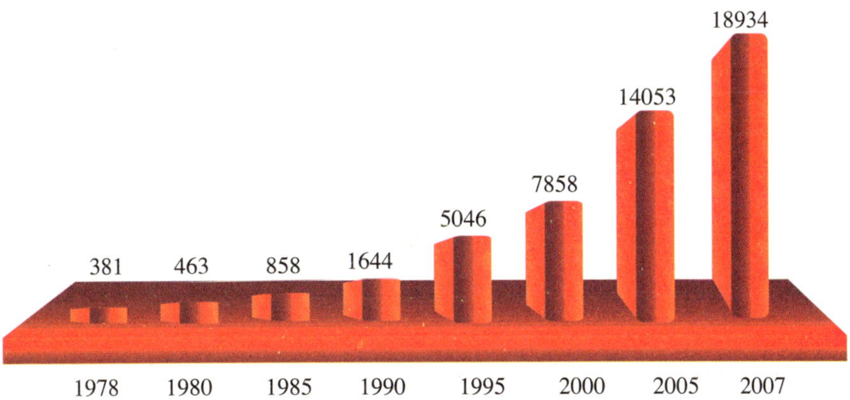

1978－2007年人均国内生产总值

国家财政实力不断增强

1978年国家财政收入仅1132亿元，1985年翻了一番，达到2005亿元，1993年再翻一番，达到4349亿元，1999年跨上1万亿元台阶，达到11444亿元，2003年超过2万亿元，达到21715亿元，2007年，国家财政收入已经超过5万亿元，达到51322亿元，1979—2007年年均增长14.1%。

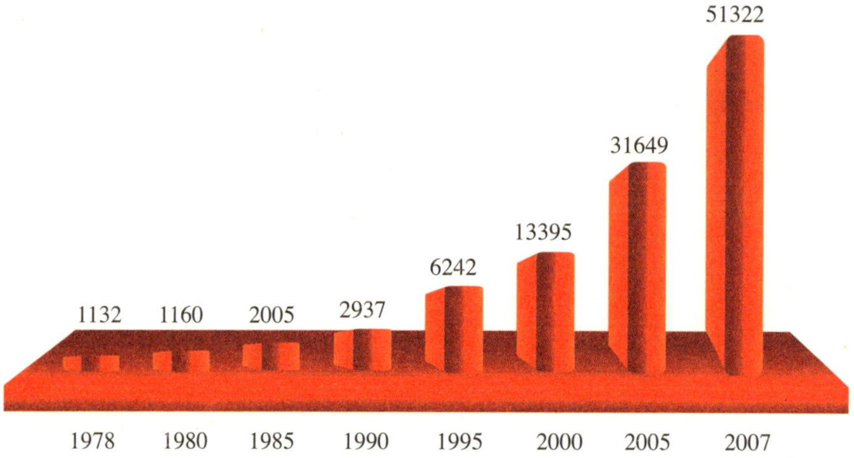

1978－2007年财政收入

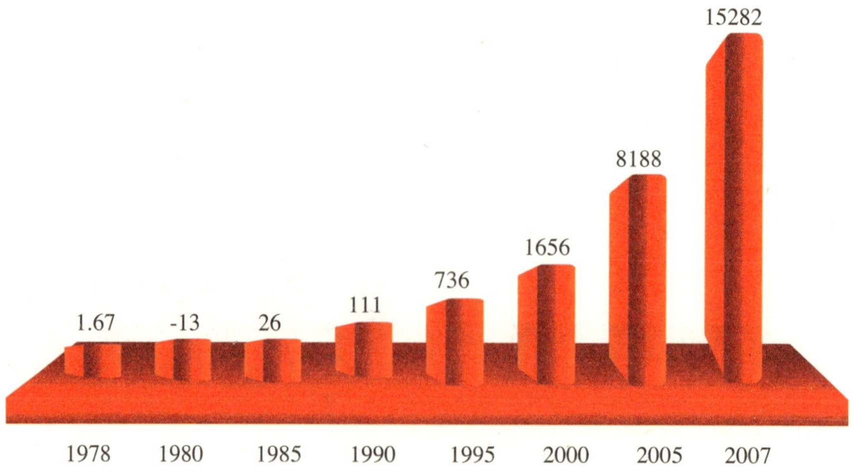

1987—2007年外汇储备余额

促进经济结构不断优化升级

30年来，三次产业在调整中均得到长足发展，农业基础地位不断强化，工业实现持续快速发展，服务业迅速发展壮大。1979—2007年，第一、第二产业和第三产业增加值年均分别增长4.6%、11.4%和10.8%。三次产业增加值在国内生产总值中所占的比例由1978年的28.2:47.9:23.9调整为2007年的11.3:48.6:40.1。与1978年相比，2007年第一产业比重下降16.9个百分点，第二产业比重上升0.7个百分点，第三产业比重大幅上升16.2个百分点。

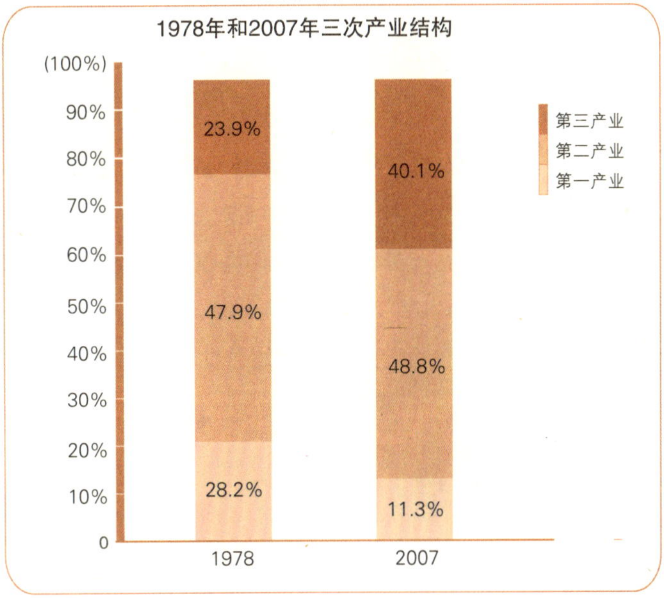

1978—2007年三次产业结构

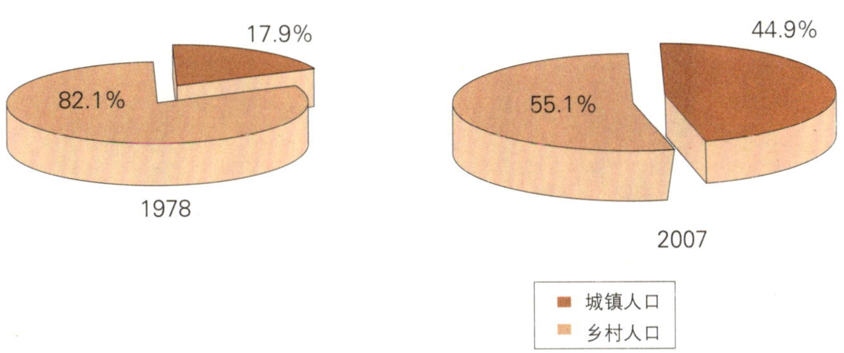

城镇化步伐明显加快

30年来，城镇人口占总人口的比重逐年提高，城镇化水平由1978年的17.9%上升到2007年的44.9%，上升了27.0个百分点，年平均上升0.9个百分点。城镇总人口年平均增加1453万人，乡村总人口年平均减少216万人。

分配结构出现明显调整

1979—2007年，我国财政收入年均增长14.1%；城镇居民人均可支配收入年均增长7.2%；农村居民人均纯收入年均增长7.1%。2007年，在城镇居民家庭人均全部年收入中，工薪收入占68.6%，比1990年下降7.2个百分点；经营净收入占6.3%，财产性收入占2.3%，转移性收入占22.7%，分别比1990年提高4.8、1.3和1.0个百分点。2007年，在农村居民家庭人均纯收入中，工资性收入占38.6%，比1985年提高20.5个百分点；家庭经营性收入占53.0%，下降21.4个百分点。

农产品供给能力稳定提高

第一产业增加值由1978年的1028亿元增加到2007年的28095亿元，扣除价格因素，增长2.7倍，平均每年增长4.6%。主要农产品产量成倍增加。2007年，粮食产量达50150万吨，比1978年增长64.6%；棉花产量762万吨，增长2.52倍。

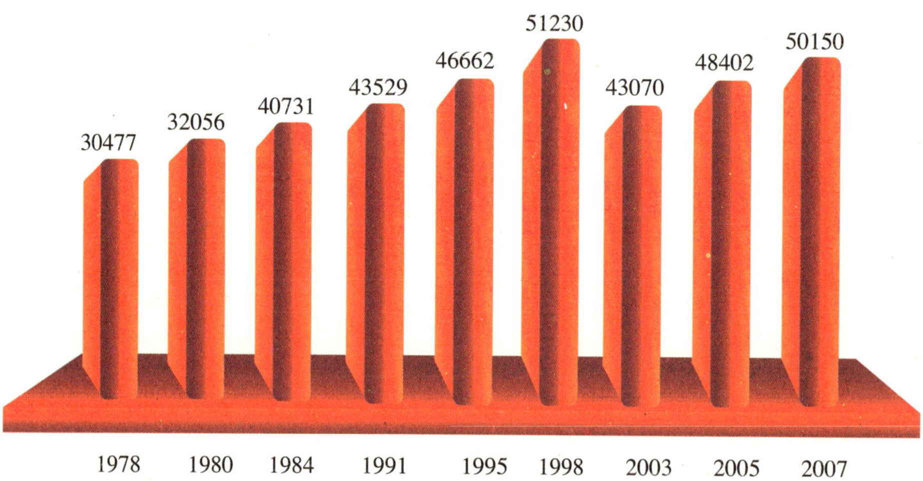

1978－2007年粮食产量

工业生产能力扩张迅速

2007年工业增加值突破10万亿元，达到107367亿元，按可比价计算，比1978年增长了23倍，年均增长11.6%。主要工业产品产量增长迅猛。2007年生产原煤25.3亿吨、粗钢4.9亿吨、水泥13.6亿吨、汽车889万辆，分别比1978年增长3.1倍、14.4倍、19.9倍和58.6倍。

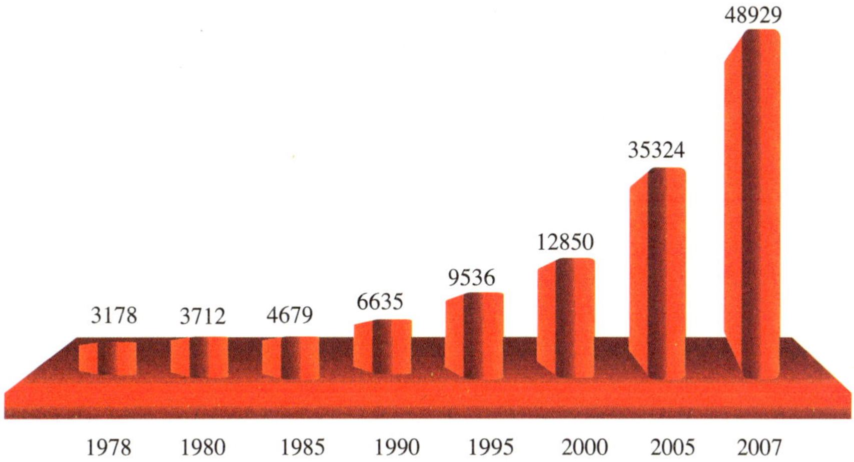

1978－2007年粗钢产量

能源生产能力由弱变强

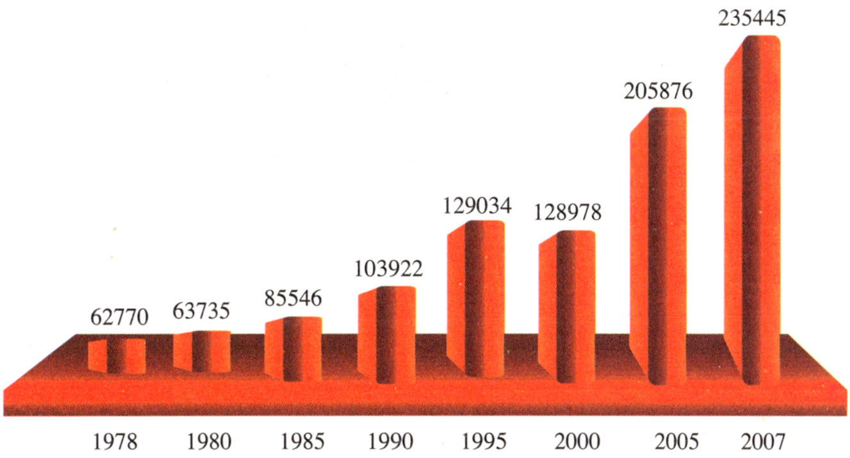

1978－2007年能源生产总量

2007年，我国能源生产总量达到23.5亿吨标准煤，比1978年增长2.8倍，年均增长4.7%，已经成为世界第二大能源生产国，能源总自给率达到90%。2007年发电量达到32816亿千瓦小时，比1978年增长11.8倍，年均增长9.2%。与此同时，可再生能源开发效果明显，水电、核电、风电占能源生产总量的比例由1978年的3.1%提高到2007年的8.2%。

邮电通信业蓬勃发展

固定电话用户由1978年的193万户增加到2007年的36564万户，增长189倍。移动电话用户从无到有，由1990年的1.8万户膨胀到2007年末的54731万户。已通邮的行政村比重达到98.4%。我国互联网上网人数达到2.1亿人，居世界第二位，宽带上网人数1.63亿人。

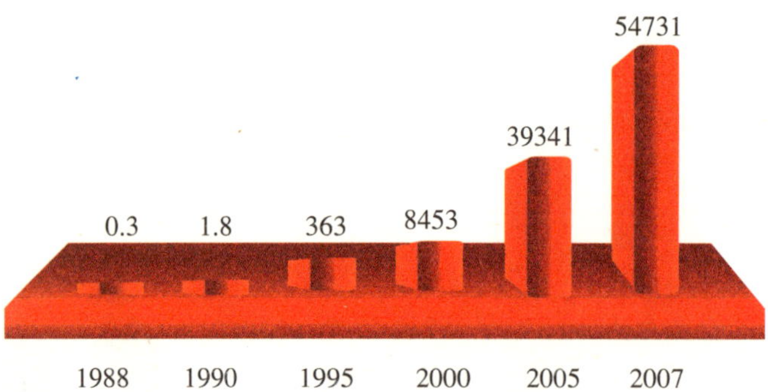

1978－2007年移动电话年末用户

对外经济呈现加速发展态势

2007年进出口总额比1978年增长104.3倍，年均增长17.4%。其中，出口增长18.1%，进口增长16.7%。外贸对经济的贡献也不断提高。进出口贸易总额占国内生产总值的比重由1978年的9.7%提高到2007年的66.8%，提高57.1个百分点。进出口贸易总额居世界位次由1978年的第29位跃升到第3位，占世界贸易总额的比重也由0.8%提高到7.7%。

1978-2007年进口和出口总额

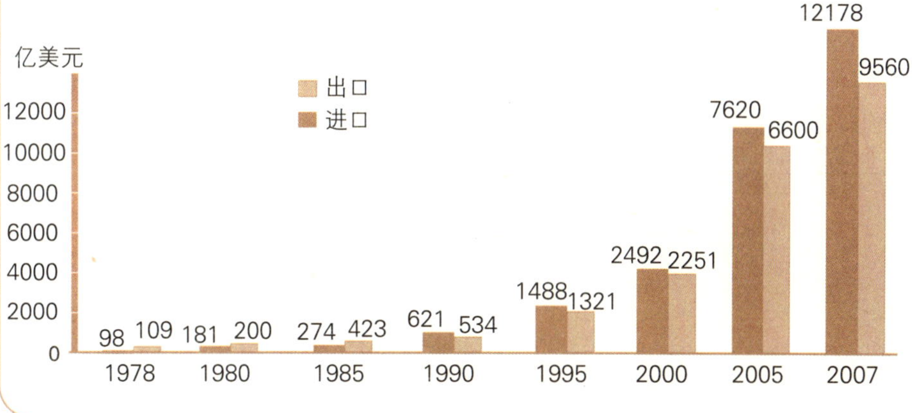

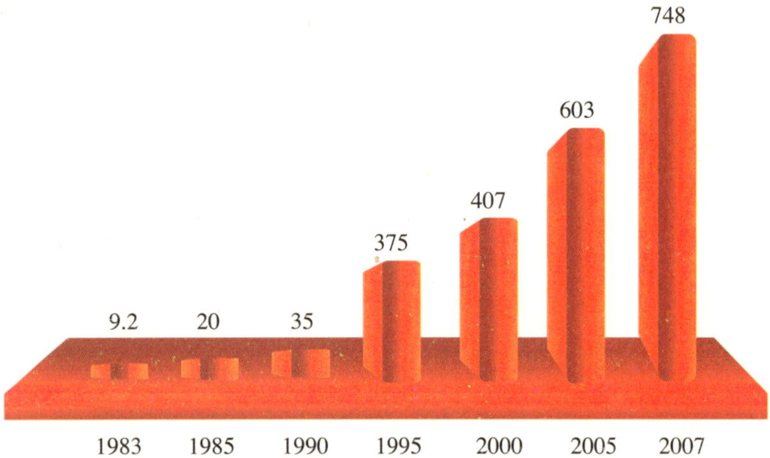

1983－2007年实际使用外商直接投资

利用外资规模不断扩大

1979—2007年，我国实际利用外商直接投资7602亿美元，平均每年262亿美元，2002年以来利用外资一直居于世界前三位。2007年实际利用外商直接投资748亿美元，1983年为9.2亿美元，年均增长20.1%。截止到2007年末，我国规模以上工业总产值的30%以上，进出口总额的一半以上是由外资企业创造的。对外投资也出现了强劲的增长势头。2003年到2007年，对外直接投资额（非金融部分）分别为29亿美元、55亿美元、123亿美元、176亿美元和187亿美元。

城乡居民收入水平和富裕程度显著提高

城镇居民人均可支配收入由1978年的343元提高到2007年的13786元，扣除价格因素，比1978年增长6.5倍，年均增长7.2%。农村居民人均纯收入由134元提高到4140元，扣除价格因素，比1978年增长6.3倍，年均增长7.1%。城乡居民拥有的财富呈现快速增长趋势。2007年底城乡居民人民币储蓄存款余额达17.3万亿元，比1978年底的211亿元增加818.3倍，人均由21.9元增加到13058元，年均增加

449.5元。股票、债券等金融资产规模不断扩大。城镇居民拥有的财产性收入占全部收入比重从无到有，上升到2007年的2.3%。

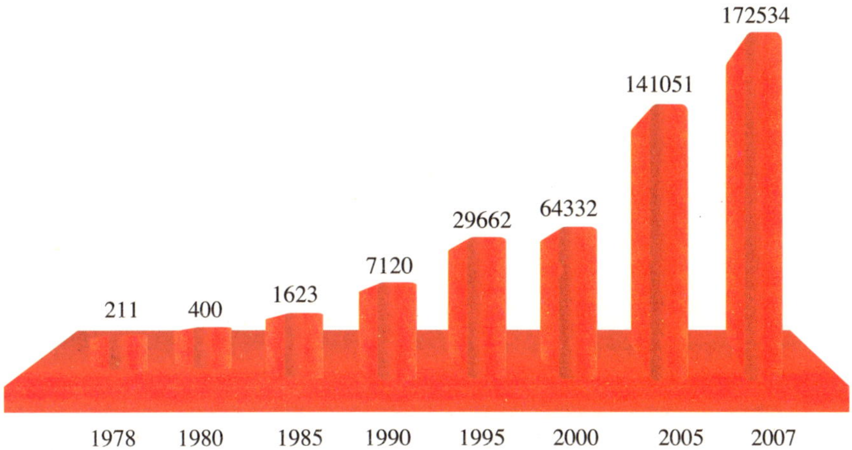

1978－2007年城乡居民人民币储蓄存款余额

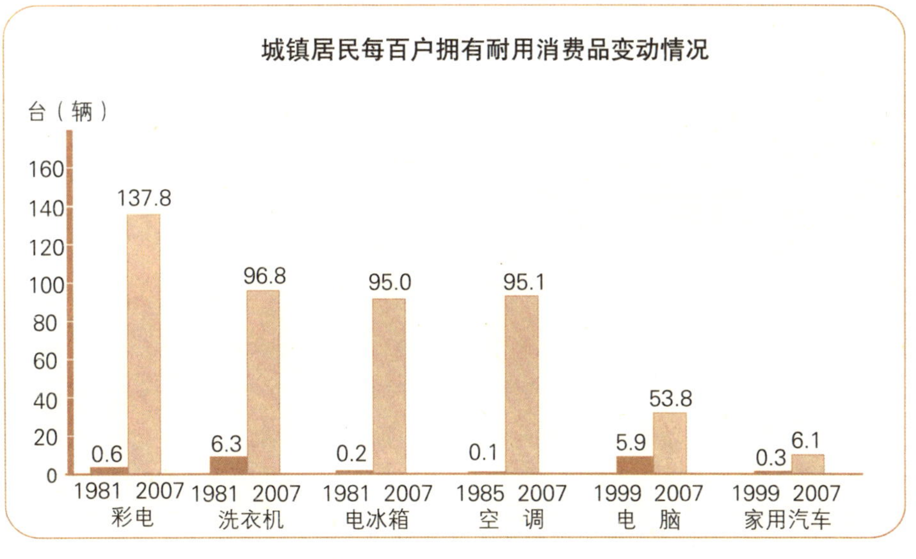

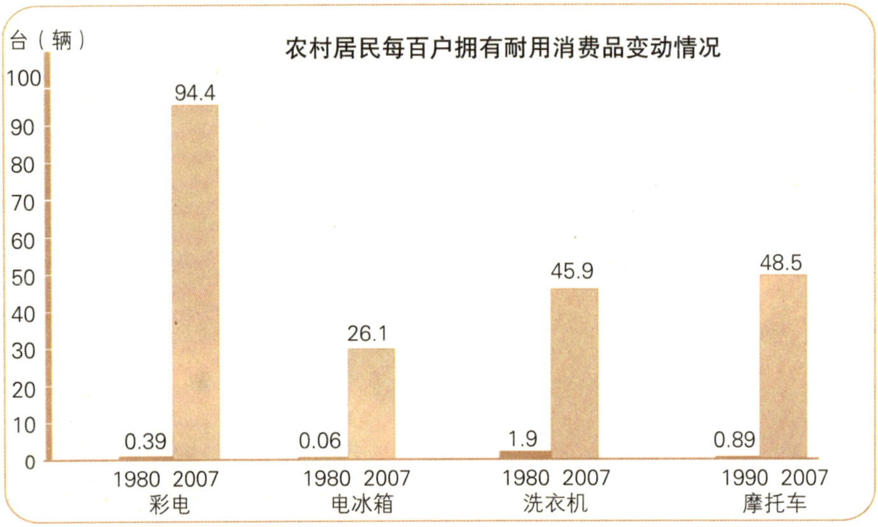

城乡居民生活水平和质量明显改善

居民消费水平从1978年的184元增加到2007年的7081元，按可比价格计算，人均消费水平提高了7.2倍，年均实际增长7.5%。其中，城镇居民人均消费水平提高了4.9倍，农村居民人均消费水平提高了4.4倍，年均分别增长6.3%和5.9%。反映居民家庭富裕程度的恩格尔系数，城镇居民家庭由57.5%下降到36.3%，农村居民家庭由67.7%下降到43.1%。

Xiangguan Lianjie

相关链接

经济总量 世界第四

改革开放30年来，中国国民经济迈上新台阶，综合国力和国际影响力实现了由弱到强举世瞩目的巨大转变。中国已经成为世界经济的主要发动机之一。1979－2007年，我国国民经济年平均增长9.8%，比同期世界经济平均发展水平快6.8个百分点。中国经济总量占世界经济的份额已从1978年的1.8%提高到2007年的6.0%。1978年，中国国内生产总值（GDP）只有1473亿美元，到2007年达到32801亿美元，居世界第4位，仅次于美国、日本和德国。

高速发展的中国经济，对世界经济的拉动作用也显著增强。截止到2006年，我国经济对世界经济的贡献率（当年各国GDP增量与世界GDP增量之比）已上升到14.5%，仅次于美国居第二位，比欧元区高1.4个百分点，比日本高6.7个百分点。而在1978年，我国经济对世界经济的贡献率为2.3%。中国人均国民总收入由1978年的190美元上升至2007年的2360美元。2007年，美中贸易额创下了3020.8亿美元的新高，是1979年两国建交时双边贸易额的120多倍。对欧盟来说，中国已是第二大贸易伙伴，2007年欧盟同中国的贸易额达3560亿美元，是1975年时的100多倍。非洲同中国的贸易额也从1977年的7.2亿美元增长到2007年的733亿美元，在30年内实现了百倍增长。

英国皇家国际研究所的中国问题专家凯里·布朗先生接受专访时表示，中国改革开放最直观的成就是创造了中国经济奇迹，极大地提升了中国在世界上的地位。中国外汇储备额位居世界第一，中国经济对世界的影响越来越大。日本经济团体联合会会长御手洗富士夫告诉记者，回顾中国改革开放30年的成果，中国一直致力于两个主题，一是在体制上从计划经济向市场经济转变；二是大力发展经济，实现经济的腾飞。今天的中国经济正处于在充分准备之后一鼓作气实现发展的阶段，它充满活力，在世界经济当中出类拔萃。

●○1984年11月20日，中国首次对南极进行考察。

十部委领导谈改革开放取得的巨大成就

张平：改革开放缔造了中华民族的又一个盛世

2008年11月27日，国家发展和改革委员会主任张平在纪念改革开放30周年系列报告会上说，在上下五千年的历史长河中，特别是从秦汉到新中国成立以前，我国真正令世人称颂的盛世只有三个时期：一个是西汉的"文景之治"，另一个是唐朝的"贞观之治"，第三个是清朝的"康乾盛世"。

张平说，相对而言，这三个时期，我国国富民安，社会繁荣。但在"康乾盛世"时期，西方发生了工业革命，科学技术和生产力加速发展，而清朝统治者盲目自大、闭关锁国，以致中国经济社会的发展逐渐落后于西方国家，直至在西方列强的坚船利炮面前不堪一击。

他从八个方面介绍了改革开放以来我国经济社会发展取得的伟大成就：国民经济快速发展，综合国力不断迈上新台阶；产业规模持续扩大，现代化水平不断提高；传统行业改造步伐加快，技术水平逐步提升；区域协调发展格局基本形成；经济体制改革不断深化，社会主义市场经济体制初步建立；全方位对外开放格局基本形成；人民生活水平显著提高，以及科技教育快速发展，各项社会事业全面进步。

他说，改革开放后，我国经济实现了持续快速增长。从经济总量看，1978年的国内生产总值（GDP）为3645亿元，2007年已近25万亿元，扣除价格因素，是1978年的15倍多。2005年我国GDP突破2万亿美元，跃居世界第4位，2008年有可能跃居世界第3位。1978年，我国外汇储备仅1.67亿美元，2007年我国外汇储备扩大到15282亿美元。

30年来，我国农业的基础地位得到巩固和加强，农产品供给实现了由长期短缺到"总量基本平衡、丰年有余"的转变，我国用占世界不足10%的耕地解决了超过世界20%人口的吃饭问题。

改革开放以前，我国城乡居民生活基本上处在温饱不足状态，农村还有大量贫困人口。经过30年的快速发展，城乡居民收入不断增加，生活质量和水平明显改善。

1978年，全国农村的绝对贫困人口约为2.5亿人，约占全部人口的四分之一；到2007年末，农村绝对贫困人口减少为1479万人，不足全部人口的2%。

他说，奥运会的成功举办，“神舟”系列航天飞船的成功发射，特别是“神舟七号”载人航天飞行的圆满成功，标志着我国社会事业发展也取得了巨大进步。目前，我国整体科技水平已居发展中国家前列，有的领域已达到国际先进水平。

张平表示，30年来，我国实现了从人口大国向人力资源大国的历史性转变。1978年，高校在校生规模只有85.6万人，2007年全国各类高等教育在校人数达2700万人；全国受过高等教育的人口超过7000万人。

李毅中：坚定不移地走中国特色新型工业化道路

2008年11月，工业和信息化部部长李毅中在《求是》杂志发表署名文章，提出要坚定不移地走中国特色新型工业化道路。他在文章中表示，走新型工业化道路，推进信息化与工业化融合，是党和国家在我国工业化加速发展的关键时期作出的重大战略决策。新组建的工业和信息化部肩负着实施这一战略决策的历史使命。我们要深入贯彻落实科学发展观，严格按照国务院机构改革方案的要求，努力探索中国特色新型工业化道路的实现途径。

一、深刻理解新型工业化道路的内涵

新中国成立以来，特别是改革开放30年，我国工业实现了跨越式发展，建立了独立完整的工业体系，成为全球制造业大国。2007年，全国工业实现增加值107367亿元，占国内生产总值的43.5%；原煤、钢、水泥、化肥、微型计算机、彩电等主要工业产品产量以及固定电话、移动电话和互联网用户数均居世界第一；轻工、纺织、机械、家电、成品油、乙烯、部分有色金属产量位居世界前列。航空、航天、船舶等国防科技工业发展取得举世瞩目的成就。

但是我们也要清醒地看到，我国工业化水平与发达国家相比，还有不小的差距。一是工业大而不强，核心技术和关键技术受制于人。2007年，我国高新技术产业产值只占工业产值的8%，发达国家为40%左右；研发投入占国内生产总值的1.44%，发达国家平均为2.5%，美国为3.2%；服装类产品占世界服装贸易的25%，但拥有自主知识产权的产品只占1%。二是资源和环境约束日益突出，工业发展方式迫切需要转型。2007年，我国万元国内生产总值能耗降至1.16吨标煤，但仍是发达国家的3至4倍；国内生产总值占世界的比重不到7%，但消耗的煤炭、钢铁和水泥却占世界的30%、26%和50%；化学耗氧量、二氧化硫、二氧化碳排放量位居世界前列。三是利用高新技术改造提升传统产业的任务繁重。工业生产技术整体水平不高，生产效率和产品附加值较低，众多传统产业急需利用包括信息技术在内的高新技术进行改造提升，大量落后产能亟待淘汰。四是工业行业管理分散，一些行业管理弱化、缺位，严格的市场规范和诚信体系尚未完全建立起来。形势要求我国工业化不能再走发达国家先工业化后信息化的老路，必须根据中国的实际，求索新的发展模式。

党的十六大提出走新型工业化道路，十七大进一步强调推进信息化与工业化的融合，这是党中央、国务院的重大战略部署。走新型工业化道路，就是要坚持把经济发展建立在科技进步的基础上，带动工业化在高起点上迅速发展；坚持注重经济发展的质量和效益，优化资源配置，提高投入产出效率和经济回报；坚持推广应用先进适用技术，千方百计提高能源资源利用效率，突破能源资源约束；坚持防治污染、保护生态环境，使经济建设和生态建设和谐发展；坚持以人为本，提高劳动者素质，充分发挥人力资源优势，注重改善民生，保障劳动者生命和健康安全。

迄今为止，世界工业化经历了蒸汽机革命、电气革命和信息技术革命三个主要发展阶段。蒸汽机革命和电气革命主要依靠资源等要素的投入，实现了生产方式和经济发展方式的飞跃。20世纪70年代末开始的信息技术革命，则是以知识和信息作为推动经济发展的要素，对人类经济社会发展产生了更为深刻、更为广泛的影响。发达国家在实现工业化后，利用在信息技术领域的领先优势，加快向信息社会迈进。而我国工业化的加速期，正逢信息技术的快速发展与广泛渗透，这就为我们发挥后发优势、缩短工业化进程提供了难得的机遇。我们要紧紧抓住这一机遇，以信息化带动工业化，以工业化促进信息化，推动工业化与信息化有机融合，实现跨越式发展。

二、组建工业和信息化部，为走新型工业化道路提供了体制保障

《国务院机构改革方案》决定组建工业和信息化部，明确规定了拟订并组织实施工业行业规划、产业政策和标准，监测工业行业日常运行，推动重大技术装备发展和自主创新，管理通信业，指导推进信息化建设，协调维护国家信息安全等六项职责。国务院印发的工业和信息化部“三定”规定又将这些职责细化为十五项主要职责。这既是行政管理体制改革的深化，也是建立职能有机统一的大部门体制的实践。我们在以下环节做了有益探索。

切实转变职能，创新管理方式。加强和改善社会主义市场经济条件下的工业行业管理，推进政企、政资、政事、政府与中介“四分开”，把该管的事项切实管好，把不该管的事项交给企业、交给市场。要坚决做到：不干涉企业的生产经营活动，确保企业的市场经济主体地位，通过管规划、管政策、管标准，规范企业生产经营行为，指导行业发展。要坚持改革，绝不走老路，加强和改善工业行业管理绝不是过去管理模式的回归，对于改革中出现的问题，只能通过深化改革来解决。必须从社会主义初级阶段的国情出发，把握市场规律，研究大问题，谋划大思路，主要运用法律的、经济的手段，加强工业行业的整体规划、统筹协调和发展指导。

整合管理职能，科学设置机构。按照国务院机构改革方案的规定，将国家发改委工业行业管理和信息化的相关职责、原国防科工委除核电管理以外的职责，以及原信息产业部和原国务院信息办的职能划入整合。我们按照“大部门”改革的思路，理顺职责关系，精简机构数量，顺延出“大司局”的构架，该大则大，该精则精。设立了24个司局，其中综合司局设置体现了职能的融合；专业司局设置了原材料、装备、消费品等工业大司局；为适应节能减排、新兴产业发展的要求，设置了

节能和综合利用、安全生产、软件服务业、通信保障等司局。

加快队伍融合，改进工作作风。部机关组成人员来自不同部门，统一思想、加快融合至关重要。我们肩负着坚持走新型工业化道路的重大职责，每一位同志都要将个人融入到这一伟大事业之中，贡献聪明才智。要实现跨越式发展，就要超常规工作，创造出经得起实践、群众和历史检验的实绩。要深入基层，深入实际，努力掌握第一手资料，洞悉工业化和信息化发展态势，勤于思考，努力学习，不断创新工作方法，提高指导行业发展的水平和能力。

积极探索，健全工业和信息化管理体制。工业和信息化部的组建运行，没有经验可循，没有现成模式可以借鉴。要切实把“三定”规定落到实处，在职能、机构和人员基本到位的基础上，理顺关系、打通流程、畅通渠道，建立工作秩序，确保各项职能落到实处；要加强与综合部委、专业部委和监督部门的协调配合；要紧紧依靠地方经委、信息产业厅局、国防工办、中小企业局、烟草专卖局等相关部门，密切联系沟通，形成工作合力；要充分发挥各行业协会、社会中介组织和业界专家的作用，建立决策咨询支撑体系。

三、肩负使命，加快推进各项重点工作

加大产业结构调整力度，促进工业经济发展方式转变。一是加强工业产业结构的调整。加快提出利用高新技术改造传统产业的目标和措施，修订完善工业结构调整目录，严格高耗能、高污染行业的准入条件，坚决淘汰落后生产能力。鼓励发展新兴产业和工业服务业。二是引导和鼓励中小企业调整结构，优化升级。为中小企业融资、技术创新、市场开拓等提供支持。三是落实节能减排，发展循环经济。要修订完善技术标准，推进企业落实节能减排。协调推进重大工业节能项目，推进重大工业污染源治理，加强产品回收利用和可再生资源开发。

加强自主创新，提高工业整体竞争力。要以市场为导向、产学研用相结合，引导创新要素向企业聚集，通过产业联盟等方式，加强产业链上各环节的合作创新，推动形成企业创新的协作机制和有效持续的内在动力。要加强科技创新园区建设，提升科技创新园区在企业、人才和产学研用结合等方面的集聚创新能力，

搭建共性技术和公共服务平台。要以实施大型飞机、探月工程、新一代宽带无线移动通信、高档数控机床和基础制造装备等重大专项为契机，整合科技资源，着力突破制约工业发展的核心技术和关键技术。

推动产业升级，加快向制造业强国迈进。一是搞好整体谋划，合理布局。抓住国际制造业转移的机遇，拓展发展空间，提高参与国际分工的能力和水平，推进国内相关产业的梯次转移。二是加快提高行业综合竞争能力。鼓励企业加大研发投入和市场开拓，加快向产业研发、设计、标准、营销等价值链高端发展，培育行业龙头骨干企业，带动中小企业发展。三是以国家重点工程为依托，加快重大技术装备研发。组织科技联合攻关，提高重大装备、关键零部件及元器件的国产化水平，鼓励用户购买和使用国产设备和产品，积极创造有利于制造业发展的政策环境。

找准切入点，推进信息化与工业化融合。一是工业产品研发设计的信息化。加快推广应用计算机辅助设计、个性化定制等技术，将电子信息技术嵌入工业产品，促进产品的更新换代。二是工业生产过程自动化。在工业行业中推广应用电子信息技术，改进生产方式，提高效率、降低成本。三是企业和行业管理信息化。推广应用企业资源计划、业务流程管理等信息系统，强化生产经营各环节的管理，促进企业资源优化和产业链的合理化。四是产品流通和市场的信息化。推广供应链管理，加强产品市场营销的信息化建设，建立完善工业现代流通体系。五是培育新一代产业大军。六是推动工业经济延伸发展。此外还要注重发挥信息化在经济和社会发展中的作用，大力推进电子政务、电子商务、农村信息化，促进电信、广播电视和计算机网络的逐步融合。

突破核心技术，提升信息产业水平。信息产业是先导性和战略性产业。必须紧贴国家战略需求，立足自主创新，以突破“瓶颈”和满足重大应用为主要着力点，集中资源，提高核心技术创新能力。要推动产业集聚式发展，围绕产业链核心环节，引导产业整合。要统筹协调信息基础设施建设，提高信息保障水平和应急能力。要继续深化电信体制改革，优化资源配置，完善市场竞争格局，加强电信市场监管，着力解决群众关心的通信服务问题。

发挥体制优势，加快推进军民结合、寓军于民。要特别强化顶层设计和统筹规划。研究拟定促进军民结合的发展战略和规划，建立国家层面的促进军民结合的政策和协调机制，加强规划衔接、供需对接和资源共享，实现国防科技工业与民用科技工业相互促进、协调发展。同时，要积极探索军民结合的市场化途径；推进军民两用高新技术双向转移；全面加强军工核心能力建设。着眼于军工和民用两个方面，统筹安排，全面提升国防科技工业重大工程项目的保障能力，进而增强平战转换和国防动员能力，确保国家安全。

Xiangguan Lianjie 相关链接

享誉全球的中国制造

从美洲到欧洲，从亚洲到非洲，许多国家的大型商场或零售商店的货架上都摆放着“中国制造”，既有衣食住行所需的日用品，也有通信网络设备等高科技产品。昔日产品紧缺的中国，如今已经把产品送往世界各地。英国皇家国际研究所的中国问题专家凯·里布朗认为，很多人从早上一睁眼开始，就使用中国的产品。中国已成为世界第二大出口国，中国制造已享誉世界。比利时布鲁塞尔大区首席部长查丝·皮克盖先生深有感触地说，中国改革开放的政策给世界经济注入了活力，为欧盟国家带来了物美价廉的商品和服务。

世界银行的一份报告认为，中国进出口有长足增长。如今的中国不仅是一个制造业大国，而且正在变成越来越大的消费国。这给世界带来“出口机遇”。从钢铁、汽车到信用卡，中国已成为许多产品和服务业的大型消费市场。在30年的时间内，中国使贫困人口从2.5亿减少到1500万，这在全世界绝无仅有。中国对减少世界贫困人口所作的贡献有目共睹。初步工业化的中国，巨大的市场潜力正在悄悄转变为现实购买力。摩根士丹利亚洲主席史蒂芬·罗奇认为，不远的将来，中国高额储蓄将会逐渐转化为消费和投资：“这将是一个连续性的需求增长，对世界经济而言是巨大的机遇。中国国内需求的迅速积累，形成了一个上升的贸易循环，这对整个全球经济是利好。”

加入WTO以来，中国进口年均增长高达26%。2007年，中国进口额已经达到9558亿美元，居世界第三。当前，世界经济增长放缓，主要发达国家消费增长下降。相比之下，中国消费市场活跃。2008年前两个月，中国的社会商品零售总额中进口部分同比增长20%和31%。以色列外交部经济司司长潘绮瑞告诉记者，2007年，中国从以色列进口贸易额达到10亿美元，而2008年上半年中国从以色列进口额就已经达到10亿美元，做好对中国的出口，已经成为工作的重点。

比利时外交大臣德古赫特表示，作为欧洲联盟创始国，自比利时1971年同中国建立外交关系以来，见证了中国改革开放30年经济崛起的全过程，特别是看到了中国所取得的巨大成就。比利时瓦隆区政府部长让·科洛德马尔古特表示，从2005年开始，除欧盟以外，中国成为瓦隆大区出口贸易总额的前三名，年度出口额已接近3亿欧元，是比利时对日本与韩国出口的总和，其中机械设备、化工、金属和塑料橡胶占出口总额的75%以上。同一年从中国进口列第二位，仅次于美国，在瓦隆大区制定的外贸与投资政策中，中国已被列为发展经贸关系的优先国家。

中国市场的快速发展，也给外商投资企业创造了越来越大的发展空间。到2008年底，中国的外商投资企业有6万多家，销售收入已经超过10万亿元，占工业的1/3。从1990年到2006年，外资企业汇出的利润3000多亿美元。中国市场是跨国企业业务增长最快的亮点之一。

2008年9月27日，“神舟七号”载人航天飞行执行首次出舱活动任务。

李盛霖：跨越式发展和历史性巨变

2008年12月16日，《人民日报》刊登了交通运输部部长李盛霖的署名文章《我国交通运输改革发展的经验与展望》。他指出改革开放30年来，在中国特色社会主义伟大旗帜指引下，在党中央、国务院的正确领导下，交通运输坚持改革开放，实现了跨越式发展和历史性巨变。

——公路通车总里程和公路密度比1978年增长3倍多，高速公路从无到有，达5.39万公里，居世界第二；

——建成公路桥梁总量是1978年的近5倍，苏通长江大桥、杭州湾跨海大桥、终南山隧道等一批施工难度大、科技含量高的世界级公路桥梁和长大隧道建成运营；

——农村公路总里程达到313万公里，其中新改建农村沥青（水泥）路255万公里，是改革开放前的4倍多；

——港口生产性泊位和万吨级泊位分别比1978年增长了48倍和19倍；港口货物吞吐量和国际集装箱吞吐量跃居世界第一，拥有14个亿吨大港；

——内河通航里程达到12.3万公里，50%以上为等级航道；

——民用汽车拥有量是1978年的25倍，民用运输轮驳船增长1倍，净载重量增长7倍；

——公路完成的客运量、旅客周转量、货运量和货物周转量分别比1978年增长13倍、21倍、10倍和31倍；水路完成货运量、货物周转量分别比1978年增长5倍和16倍，90%以上的外贸货物运输通过水运完成。

30年来，我国交通运输在改革发展实践中取得了巨大成就，也积累了十分宝贵的经验，概括起来，主要有：

第一，必须牢牢把握交通运输行业面临的基本国情和社会主要矛盾，把加快发展作为第一要务。交通为什么发展、为谁发展、怎样发展，都是由基本国情和社会主要矛盾决定的。经济社会发展和人民群众对交通运输日益增长的新需求与交通运输还不能满足这种需求之间的矛盾，始终是我们面临的主要矛盾。交通运输行业紧紧抓住发展这个第一要务，努力加快发展、适当超前发展；坚持以人为本，努力提高服务能力、服务质量；坚持全面协调可持续发展，自觉地贯彻落实科学发展观，促进交通运输行业又好又快地发展。抓住发展不放松，这是交通运输行业改革开放30年来最根本的经验。

第二，必须贯彻中央的方针政策，以好机制、好政策推动交通运输发展。30年来，全国交通运输行业在中国特色社会主义理论体系指导下，认真贯彻党中央、国务院提出的关于交通运输是国民经济的战略重点，必须优先发展的方针；贯彻“发展以综合运输体系为主轴的交通业”的方针；贯彻“统筹规划、条块结合、分层负责、联合建设”的方针；贯彻“国家投资、地方筹资、社会融资、利用外资”的投融资方针；贯彻以科学发展观推进交通运输又好又快发展的方针。正是因为30年来始终贯彻执行这一系列正确的方针政策，健全完善交通运输发展的好机制，取得举世公认的重大成就，为国民经济、社会发展作出了应有的贡献。

第三，必须抓住发展机遇，加快交通运输发展步伐。30年来，交通运输在六个关键时期抓住了机遇，用好了机遇，使交通运输发展实现了跨越式发展。一是在十一届三中全会确立全党工作重点转移到经济建设上来后，交通运输抓住了“优先发展”的机遇，部党组不失时机地向国务院领导提出了解决的思路。1984年12月，国务院作出了对中国公路交通发展具有重大历史意义的三项决定。二是在1992年邓小平同志南巡讲话后，交通部抓好“两纵两横和三个重要路段”的国道主干线建设，使我国公路建设的等级和质量迈上了一个新的台阶。三是党的十四大提出要开发开放上海浦东，尽快把上海建成国际经济、金融、贸易中心之一的战略决策后，交通部加大投入，推动了上海国际航运中心的建设，成功整治了长江口，上海港成为世界货物吞吐量第一大港和集装箱吞吐量第二大港。四是1998年亚洲发生金融危机，中央提出了扩大内需的方针，交通部抓住机遇，进一步加快高速公路和公路网的建设。五是在中央作出实施西部大开发战略后，交通部制定了西部大开发交通建设规划，提出有力措施，使交通建设从东部推向更广袤的西北地区。六是在进入新时期，党中央、国务院作出建设社会主义新农村战略决策后，交通部启动新中国成立以来规模最大的农村公路建设，使我国农村公路得到了快速发展，极大地改善了农村的交通条件。30年的实践证明，机不可失，时不再来，要抓住机遇、珍惜机遇、用好机遇，牢牢把握战略机遇期对交通发展尤为重要。

第四，必须注重科学规划，使交通运输发展战略、发展步骤、重大举措落到实处。根据国民经济和社会发展的总体目标，大力加强交通运输发展战略、发展规划、发展政策的研究，为加快发展、科学发展奠定了基础。20世纪80年代交通部制定了建设"三主一支持"的战略构想，坚持不懈地分步组织实施。1998年，又提出实现交通现代化三个发展阶段的目标。进入新世纪，交通部又陆续制订了高速公路、农村公路和沿海港口等中长期发展规划，并得到了国务院的批准，我国交通发展的蓝图更加清晰，步骤更加明确。

第五，必须坚持调动各方面的积极性，营造交通运输发展的强大合力。30年来，交通运输工作坚持"统筹规划、条块结合、分层负责、联合建设"的方针，充分发挥中央、地方和人民群众的积极性，形成了加快交通基础设施建设的联动机制。各级地方党委和政府对交通发展倾注了心血，给予了坚定支持，在组织领导、征地拆迁、资金筹措等方面做了大量工作，并实行了一系列倾斜政策。广大人民群众充分认识到"要想富先修路"，积极支持并踊跃参加交通建设。只有凝聚各方力量，形成共同推进交通事业的强大合力，才能不断把交通改革发展事业推向前进。

第六，必须坚持改革开放，不断解放和发展交通运输生产力。30年来，交通运输行业各级领导不断解放思想、转变观念，破除"一大二公"的所有制模式，形成了多形式、多成分的运输经济结构；破除了计划经济的僵化体制，建立了统一开放、竞争有序的公路水路建设市场和运输市场；破除了国家投资的单一渠道，形成了多元化的投融资格局。经过不断深化改革，完成了企业管理体制、港口管理体制、海事救捞体制等重大改革；引进了国外先进技术、资金和管理经验，使交通运输管理具有了国际视野，交通运输行业拓展了发展空间。

第七，必须坚持"科教兴交"和"人才强交"战略，把科学技术作为交通运输发展的第一生产力。30年来，交通科技工作紧密结合基础设施建设、运输生产中的关键问题，通过软科学研究、重大装备开发、行业联合科技攻关、引进先进技术、科学成果推广应用等多种形式，开发应用了一批先进实用的成套技术和装备，使科技成果转化率和科技进步贡献率明显提高，培养造就了大批高素质人才。科技创新和人才成长，使我国在沙漠等特殊地质的公路建设技术，特大跨径的桥梁建设技术，特长大隧道的建设技术和深水航道的整治技术等方面都取得了重大突破和创新，达到了世界先进水平。

第八，必须坚持依法治交，加强交通运输法制建设。30年来，交通运输行业坚持立法与执法并重、执法与执法监督并举，依法治交的局面正在逐步形成。《海上交通安全法》、《海商法》、《公路法》、《港口法》、《水路运输管理条例》、《公路运输管理条例》和一批交通行政法规、规章相继出台，初步搭起了交通运输法规体系框架，为交通运输改革发展提供了法制保障。加强法制建设是做好交通运输工作的重要基础，是推进依法行政的必然要求。

第九，必须坚持以人为本，不断提高公共服务能力。30年来，特别是进入新世纪以来，在科学发展观的指引下，交通运输行业坚持以人为本，加强服务型政府建设，推进政府职能、工作作风和工作方法转变，增强交通部门的行政执行力和公信力，着力提高适应经济社会发展能力、统筹规划和协调发展能力、公共服务和组织保障能力、运输和建设市场依法监管能力、安全管理和重大突发事件应急处置能力。只有坚持执政为民，依法执政，做负责任部门和负责任行业，才能使交通运输发展拥有深厚的群众基础，获得不竭的力量源泉。

第十，必须抓好行业文明和党风廉政建设，为交通运输发展提供强大精神动力和坚强政治保障。30年来，以交通运输发展为中心，以提高职工队伍素质为根本，以加强领导班子建设为基础，以具有行业特点的精神文明建设为重点，积极开展了“学先进、树新风、创一流”等群众性精神文明创建活动，大力宣传了杨怀远、严力宾、包起帆、陈德华、许振超、陈刚毅、孔祥瑞、“华铜海”轮、青岛港等一批先进典型。弘扬了“铺路石精神”、“筑港精神”、“灯塔精神”、“救捞精神”

等各具特色的交通精神，并注重加强交通运输行业文化建设。认真贯彻中央关于党风廉政建设的部署要求，建立健全了具有交通运输特色的惩治和预防腐败体系，为交通运输不断取得新的成就提供可靠保证。

当前，我国交通运输发展已经站在了新的起点上。在今后发展方向上，必须紧紧抓住以下三条：

第一，紧紧抓住我国经济发展战略转型的机遇，加快发展现代交通运输业。用现代科学技术、管理技术改造和提升交通运输，提高基础设施和技术装备的现代化水平和运营效能；适应现代服务业的发展要求，不断拓展交通运输服务领域；走资源节约、环境友好发展之路，加强行业节能减排和资源节约、环境保护。

第二，紧紧抓住国务院机构改革的机遇，加快发展综合运输体系。党的十七大明确提出探索实行职能有机统一的大部门体制，2008年3月，组建了交通运输部，在推进综合运输体系建设方面迈出了积极的步伐。发展综合运输体系，就是推进各种运输方式有机衔接，实现交通运输资源优化配置，发挥各种运输方式比较优势和组合效率。加快构建现代综合运输体系，一是加强公路、水路、民航交通运输规划的衔接，做到"宜路则路、宜水则水、宜空则空"，使各种运输方式有效衔接配合。二是加强中心城市综合交通运输枢纽规划建设中各种运输方式的衔接，综合考虑市内交通的方便和进出城区的快捷，使各种运输方式之间和某种运输方式内部有机衔接，实现客运"零距离换乘"和货运"无缝衔接"，"人便于行、货畅其流"。三是加强城市客运和农村交通的衔接，统筹规划，合理布局，消除分割，建设统一协调的区域和城乡交通运输网络，实现公共服务均等化。四是整合交通运输资源，加强公路水路民航等几种运输方式的有效衔接，为邮政业发展搭建便捷、通畅、安全、高效的综合运输平台。

第三，紧紧抓住全面建设小康社会的机遇，确保交通运输规划目标全面实现。党的十七大在十六大时确定的全面建设小康社会目标的基础上，对我国到2020年的奋斗目标提出了新的更高要求。"十一五"后两年，交通运输要确保完成“十一五”规划，为“十二五”、“十三五”时期交通运输发展创造良好条件。到2020年，交通运输发展的质量和效率显著提高，运输服务和管理显著改善，行业创新实力显著提升，资源节约、环境保护显著增强，基本建成更安全、更通畅、更便捷、更经济、更可靠、更和谐的交通运输服务体系，实现交通运输科学发展、和谐发展、安全发展，使交通运输发展成果惠及城乡、人民共享，适应全面建成小康社会的需要，为21世纪中叶实现交通运输现代化打下坚实基础。

尹蔚民:我国就业和社会保障事业三十年来取得历史性成就

2008年12月，人力资源和社会保障部部长尹蔚民接受新华社记者专访，回顾并总结了30年来我国就业与社会保障事业取得的历史性成就。

不断探索适合国情的就业体制 城乡就业局势保持稳定

尹蔚民说，改革开放以来，我国始终坚持就业的市场化方向，坚持强化政府促进就业的责任，坚持发展经济与扩大就业的良性互动，坚持城乡统筹的发展道路，推动我国就业工作取得了举世瞩目的成就。

主要表现在：深化就业体制改革，实现了由政府“统包统配”的就业制度向劳动者自主择业、市场调节就业、政府促进就业的转变。就业渠道趋于多元化，就业形式日益灵活多样，各类劳动者平等参与市场竞争，市场机制在人力资源配置中的基础性作用越来越明显。

在充分借鉴国际经验的基础上，我国制定实施了中国特色的积极就业政策，主要包括税费减免、小额贷款、社保补贴、就业援助、主辅分离、就业服务、职业培训、失业调控、财政投入、社会保障等10项政策措施，促进了各类群体的就业，特别是就业困难人员得到有效帮扶。

同时，政府促进就业的职能不断强化，2003年以来，将城镇新增就业和控制城镇登记失业率纳入国家宏观调控的重要指标，形成了财政投入增加、部门相互配合、上下统一行动的长效机制。

就业规模不断扩大，就业结构不断优化。1978年至2007年，全国从业人员数从

40152万人增加到76990万人，年均增加1200多万人；三次产业就业人员比重由70.5：17.3：12.2转变为40.8:26.8：32.4，第三产业年均增加近700万人，成为扩大就业的重要渠道。

在扩大就业的同时，积极采取措施，加强失业调控，城镇登记失业率近年来都保持在4%左右，在劳动力总量矛盾和结构性矛盾十分尖锐的情况下，保持了就业局势的基本稳定。

面向城乡劳动者的公共就业服务体系基本建立。全国城市和大部分县都建立了以公共职业介绍机构为窗口的综合性服务场所，对城乡劳动者广泛开展就业政策和信息咨询、职业介绍和职业指导等服务。

实现“企业保障”向社会保障的重大转变 中国特色社会保障体系框架基本建立

尹蔚民说，30年来，我国坚持把解决历史遗留问题与建立长效机制结合起来，坚持试点先行逐步完善制度和政策，中国特色的社会保障体系框架基本建立。

主要表现在：社会保障制度体系框架基本形成，初步完成了制度转型。在制度主体上，实现了从“企业保障”向社会保障的转变，在制度模式上，创造性地建立了“统账结合”的制度模式。在筹资机制上，从国家单一责任转变为国家、企业、个人三方责任共担。在保障层次上，建立了以社会保险、社会救助、社会福利为基础，以基本养老、基本医疗和最低生活保障制度为重点，以慈善事业、商业保险为补充的多层次社会保障体系，满足了人民群众多样化的社会保障需求。

社会保险覆盖范围不断扩大，待遇水平稳步提高，越来越多的人民群众享受到了改革发展成果。截至2007年底，基本养老、基本医疗、失业、工伤和生育保险参保人数分别达到20137万人、22311万人、11645万人、12173万人和7775万人。五项社会保险基金总收入从1998年到2007年年均增长23.5%，总支出年均增长19.1%。企业退休人员养老金由1998年的月人均300多元提高到2007年的925元。各地还根据物价变动和基金结余情况，提高了失业保险金和工伤保险待遇标准。

社会保险经办管理服务体系基本建立，减轻了用人单位的社会事务负担。启动并加快“金保工程”建设，不断提高社会保障的信息化管理服务水平。目前全国72%的企业退休人员已纳入街道社区管理服务，并逐步推进和拓展医疗和工伤保险社会化管理服务。

完善劳动收入分配制度 合理有序的收入分配格局初步建立

收入分配是民生之源。尹蔚民说，30年来，我国劳动收入分配制度改革始终坚持按劳分配与按生产要素分配相结合，坚持与经济体制改革和经济社会发展阶段相适应，取得明显成效。

主要表现在：基本确立符合机关、事业单位和企业不同特点的工资收入分配制度。公务员工资制度从结构工资制到职级工资制，再到职务与级别相结合的工资制度；事业单位收入分配制度，从结构工资制到专业技术（职员）职务等级工资制，再到岗位绩效工资制度；企业建立了以岗位工资为主的灵活多样的基本工资制度，逐步形成了根据岗位和个人贡献确定工资的分配机制。

2007年，我国城镇单位在岗职工平均工资为24932元，是1978年的40.5倍，年均增长13.6%。收入分配制度改革调动了广大职工的积极性，有力地促进了经济增长。

此外，初步形成工资分级分类管理体制和宏观调控体系。国家通过建立地区津贴制度对地区工资收入差距进行调控。完善了企业最低工资标准，建立了工资指导线、劳动力市场工资指导价位、人工成本信息等宏观调控制度，为形成企业工资决定机制和缩小不同类型企业收入差距提供了依据。

加大劳动者权益保障力度 劳动关系总体保持稳定

尹蔚民说，30年来，我国始终坚持市场基础调节和政府宏观调控相结合，坚持劳动关系双方自主协调和政府依法调整相结合，坚持促进用人单位发展与维护劳动者合法权益相统一，在加强劳动者权益保障、稳定劳动关系方面取得了显著成就。

目前，以《劳动法》为基础，以《劳动合同法》、《就业促进法》、《劳动争议调解仲裁法》等法律为骨干，以《职工带薪年休假条例》、《劳动保障监察条例》、《禁止使用童工规定》等法规相配套，我国规范和调整劳动关系的法律体系基本形成，劳动关系的建立、运行和调整开始进入法制化轨道。

劳动关系双方自主协商、社会三方协调、政府依法调整的劳动关系格局基本形成。为劳动者合法权益提供了全方位的保障。

劳动合同和集体合同制度覆盖范围逐步扩大。截至2007年底，全国规模以上企业劳动合同签订率达到90.7%；经劳动保障部门审核当期有效集体合同50.2万份，覆盖职工6457万人。

劳动监察和劳动争议仲裁工作不断加强。自1998年以来的10年间，各级劳动保障监察机构责令用人单位为8997万名劳动者补签了劳动合同，补发劳动者被克扣或无故拖欠的工资等待遇317亿元，补缴各项社会保险费401亿元。

农民工劳动保障权益保护力度不断加大。国务院制定了解决农民工问题的若干意见，着力解决农民工在城镇就业、社会保障以及子女上学、城市公共管理等方面面临的突出问题。2003年以来，针对拖欠农民工工资的突出问题，开展解决拖欠农民工工资问题专项行动，全国共清理拖欠农民工工资440多亿元。

陈德铭：实现了向经贸大国的转变

在纪念十一届三中全会召开30周年之际，商务部部长陈德铭表示，30年来对外开放实现了以开放促改革促发展的重要历史使命，完成了从封闭半封闭经济向开放型经济的转变，开创了全球范围内走开放式发展道路的成功范例。陈德铭表示，我国对外开放取得了举世瞩目的伟大成就，使我国迅速实现了向经贸大国的转变：

外贸增长迅速。1978年到2007年，我国货物贸易进出口总额从206.4亿美元增长到2.17万亿美元，年均增长17.4%。1982年到2007年，我国服务贸易进出口总额从43.4亿美元增长到2509.1亿美元，年均增长17.6%。30年间，我国出口商品结构完成了四次重大跨越。20世纪80年代实现从农产品为主向工业品为主的转变；80年代中期实现从初级产品为主向工业制成品为主的转变；90年代中后期实现由轻纺产品为主向机电产品为主转变；进入新世纪以来进一步向IT等高新技术产品为主方向转变。

利用外资规模、质量和水平不断提高。改革开放初期，我国吸收外资总量还较少。90年代，中央确定了积极合理有效利用外资的方针，吸收外资进入高速发展期。截至2007年底，实际吸收外资金额累计超过8000亿美元，现存注册外商投资企业28万家。

“走出去”步伐加快。30年来，我国累计非金融类对外直接投资净额达1106亿美元。对外承包工程、对外劳务合作和对外设计咨询三项合计年营业额，从1978年的0.3亿美元提高到2007年的463亿美元，增长了1543倍。

现在，外贸已成为拉动经济增长的重要动力。出口占GDP的比重由1978年的4.6%上升到2007年的37.5%。据测算，2005年以来，货物和服务净出口对经济增长的贡献在20%以上，拉动经济增长平均2.4个百分点左右。对外经贸对经济发展的重大贡献还包括：先后缓解了严重制约经济发展的外汇缺口、资金缺口、技术管理缺口、市场需求缺口和能源资源缺口。我国外汇储备从1978年的1.67亿美元，增加到2007年的1.53万亿美元。2007年我国关税和进口环节税7585亿元，外商投资企业缴纳税收9972.6亿元，增加了国家财力。2007年我进口原油1.63亿吨，铁矿石3.83亿吨，氧化铝512万吨，分别占国内消费量47.9%、51.7%、46%，有效缓解了国内资源供应瓶颈。

○2001年12月11日，中国正式加入世界贸易组织，成为其第143个成员。图为2001年11月11日，中国外经贸部部长石广生在卡塔尔首都多哈举行的中国加入世贸组织议定书签字仪式上举杯庆贺。

Xiangguan Lianjie

相关链接

利用外资的四个发展阶段和五大成就

改革开放以来，中国利用外资的形式发展呈现出明显的阶段性。

第一阶段：萌芽试探阶段(1979－1984年)，主要特征是外资来源以港澳台为主，投资规模也偏小。

第二阶段：初步投资阶段(1985－1991年)，外资来源仍以港澳台为主，但已有欧美日公司来华投资。

第三阶段：快速发展阶段(1992－2001年)。以1992年邓小平南巡讲话为标志，中国国内掀起了经济发展新高潮。以全球500强为代表的大型跨国公司纷纷来华投资，外商直接投资自此开始大量涌入中国。仅在1992年当年便比1991年增加一倍以上，超过了100亿美元。到1996年，更是突破了400亿美元大关。外国直接投资逐渐居于主要地位。

第四阶段：稳定发展阶段(2002年至今)。以2001年底中国加入世界贸易组织为标志，外商对华投资又进入一个新的发展阶段。近5年来，中国每年新批准的外商直接投资项目都在三四万个左右，年均实际投资金额超过600亿美元。中国的对外开放度不断扩大，与世界经济的联系更加紧密。

在经历了四个发展阶段后，我国已从一个微不足道的国际投资东道国成长为世界第二大外商直接投资东道国、发展中国家第一大外商直接投资东道国，在就业、投资、产出、税收、国际收支等方面，外资对我国经济的持续、快速增长发挥了重大作用，具体表现为：

一、利用外资为我国创造了大量就业机会。外资企业吸收的劳动力数量逐年增加，由1985年的6万人增加到2007年的1583万人，年均递增72万人，对同期全国城镇就业新增数的贡献率达到9.5%。

二、外商直接投资是我国固定资产投资的重要资金来源之一。尤其是在改革开放初期建设资金极度匮乏的条件下，利用外资减缓了资金不足的矛盾。同时，外商投资工业的迅速扩张促进了我国的工业化进程。在我国吸收的外商直接投资中，工业项目占70%以上的份额，外商工业企业的大规模进入明显加快了我国现代工业的发展速度。

三、外资企业成为我国不可缺少的税收来源之一。1995年外商投资企业缴纳的企业所得税占全部企业所得税收入的8.9%；2007年这一比重提高到20.2%；金额也上升到1951亿元，比1995年增长了25倍。

四、利用外资推动了我国产业结构的优化升级。长期以来进入我国的外商投资主要集中在第二、第三产业，通过扩大投资对这些产业的规模扩张和结构升级起到了重要作用。总体上看，过去30年，外资流入呈现三种变化趋势：首先，由第一、第二产业向第三产业转化；其次，由低生产率、低技术含量、劳动密集型产业向高生产率、高技术含量和资本、技术密集型产业转化；再次，行业内部从低技术含量、低附加值的产品和服务向高技术含量、高附加值的产品和服务转变。正是外商直接投资的不断流入和产业流向的不断升级，对中国经济的增长做出了积极的贡献。据国际货币基金组织的相关研究报告，中国在20世纪90年代10.1%的年均增速中，外商直接投资的贡献在3%左右，即对中国经济增长的贡献率高达30%左右。

五、外资企业进出口成为我国外贸增长的重要带动因素。1986年，外资企业进出口额只有29.9亿美元，占当年贸易总额的比重为4.0%，2007年增加到12549.3亿美元，比重升至57.7%。其中外资企业出口额比重由5.8%提高到57.1%。目前，我国高新技术产品出口的88%、机电产品出口的74%是由外资企业完成的。

李学举：改革开放30年民政工作发展快速

2008年12月6日，民政部部长李学举在民政论坛上指出，改革开放30年来我国民政工作发展迅速。人民的最低生活保障、救灾工作水平、老年和孤残特殊群体的福利状况等各方面都有了很大提高。

30年来，民政事业发展的成就主要表现在以下几个方面：以最低生活保障制度为基础，以灾民救助、五保供养、医疗救助、流浪乞讨人员救助为主要内容，覆盖城乡全体居民的社会救助体系基本建立，实现了传统社会救济向现代社会救助的历史性跨越。

建立健全救灾工作分级负责、救灾经费分级承担的灾害管理体制，初步建成了以灾害应急响应、灾民生活救助、灾后恢复重建、备灾减灾、社会动员为基础的灾害应急体系。

充分发挥政府作用，积极引导社会力量参与，大力推进社会福利社会化尤其是养老服务社会化，在切实保障孤老孤儿孤残基本生活的基础上，适度扩大社会福利惠及范围。

高举爱国拥军旗帜，形成了以政策法规为保障、双拥共建为带动、深化安置改革为动力、国家抚恤与社会优待相结合的优抚安置工作格局。

创造性地全面推进城乡村（居）民自治和社区建设，有序发展城乡基层民主，着力完善城乡基层服务和管理网络。

建立健全民政部门统一归口登记、业务主管部门和民政部门双重管理、中央和地方分级负责的社会组织管理体制，初步形成了门类齐全、层次不同、覆盖广泛的社会组织体系。

着力推进区划、地名、界线管理、婚姻、收养、殡葬等工作方式朝着“服务型”的方向转变。

以慈善文化、慈善组织、慈善政策、慈善募捐为基本框架，政府支持、社会举办、公众参与的慈善事业发展格局初步形成。

中国福利彩票的发行，成功开启了新中国公益彩票的先河，有力支持了社会福利、社会慈善和社会公益事业的发展。

据了解，这次民政论坛征集了500多篇论文、开展了10项专题委托研究，全面展示了民政政策理论研究的成果。与会者就建立可持续民生事业发展方式、养老服务、社会救助制度、救灾工作的经验、社会福利和慈善工作的经验等方面展开了讨论。

蔡武：改革开放三十年中国文化的发展

2008年12月4日《人民日报》刊登文化部部长蔡武题为《改革开放三十年中国文化的发展》一文，详细阐述了30年来文化建设的重要历程、主要成就、基本经验。

30年来文化建设的重要历程

30年来，中国文化事业以解放思想为动力，与时俱进，开拓进取，走出了一条中国特色社会主义文化的发展道路。

党的十一届三中全会开启历史新时代。十一届三中全会后，大胆解放思想，积极投身拨乱反正，文化领域万马齐喑的沉闷局面迅速改变。

第四次文代会迎来文化蓬勃发展的春天。邓小平同志在第四次文代会上所作的《祝辞》中提出我国新时期文学艺术的任务，进一步解决了文艺与人民、文艺与生活的关系，以及党如何领导文艺等一系列重大根本问题。为改革开放30年中国文化发展确立了科学的理论基础和行动指南，开启了一个全新的文化时代，全社会文化创造热情空前高涨，涌现出一大批优秀的作家、艺术家和具有鲜明时代特色的文化精品杰作，文化园地展现出一派勃勃生机。

社会主义市场经济体制催生了文化市场和文化产业发展的新格局。党的十五届五中全会第一次提出文化产业的概念。党的十六大报告明确把文化事业与文化产业加以区分。从此，文化事业和文化产业在中国文化发展进程中如车之两轮、鸟之双翼，开创了文化建设新格局。

“三个代表”重要思想全面提升文化建设的地位和作用。以江泽民同志为核心的第三代中央领导集体，根据时代发展的要求提出“三个代表”重要思想，将先进文化建设上升到立党之本、执政之基的高度来认识，对于提升文化建设在国民经济和社会发展整体布局中的地位起到了极大的作用，为进一步繁荣发展社会主义先进文化奠定了坚实的理论基础。

科学发展观引领文化进入大发展大繁荣的历史新阶段。党的十六大以来，我们党确立了以人为本的科学发展观，确立了全面建设小康社会进程中经济、政治、文化、社会建设四位一体的战略布局，使文化建设踏上科学发展、和谐发展之路。党的十七大进一步发出“推动文化大发展大繁荣”、“兴起社会主义文化建设新高潮”的时代号召，中国文化建设步入了历史新起点。

改革创新贯穿30年文化建设的历史进程。伴随着改革开放的深入和社会主义市场经济的深化，文化发展中的一系列体制性、结构性矛盾日益突出，进一步解放思想、推进文化体制改革，成为文化发展道路上的新课题。30年间党中央、国务院多次对深化文化体制改革做出部署，文化体制改革由点到面不断深化，取得了显著成效。

30年来文化建设的主要成就

改革开放的30年，是我国历史上近代以来文化发展最稳定、成果最丰富的时期之一。

（一）文艺创作日益繁荣。30年间，我国文艺各个门类百花竞放、异彩纷呈，文艺创作更加积极活跃，文艺氛围更加融洽和谐，文艺队伍更加意气风发。重在建设、锐意创新成为文化发展主潮。精心组织筹划中国艺术节、中国京剧艺术节、全国美展等文化活动，设置“文华大奖”等重大艺术奖项，实施国家舞台艺术精品工程，对艺术创作产生积极明显的引导作用。传统艺术在继承、弘扬与创新中薪火相传。扶持全国重点京剧院团，实施中国京剧音配像工程，实施昆曲艺术抢救、保护工程，开展了一系列卓有成效的工作。藏剧、白剧、彝剧、苗剧、壮剧、阜新蒙古剧、满族新城戏等少数民族戏曲剧种，也都得到政府大力扶持。

（二）公共文化服务体系初具规模。30年来，社会文化工作理念逐步深化，公共文化服务职能得到凸显，人民群众的文化权益保障问题日益受到关注，以基本阵地、基本队伍、基本内容、基本活动方式为重点，以重大文化工程为抓手，公共文化服务体系建设扎实推进。覆盖城乡的公共文化服务网络初步形成，服务能力得到提高。以国家大剧院、国家博物馆为代表的一大批标志性骨干文化设施在大中城市建成使用的同时，加大对农村地区、西部地区、少数民族地区文化基础设施建设的扶持力度。“十五”期间基本实现“县县有图书馆文化馆”目标，“十一五”规划提出到2010年基本实现“乡乡有综合文化站”的建设目标。目前，全国共有县以上公共图书馆 2799个，文化馆 3217个，博物馆1722个，文化站37384 个，社区、村文化室137665个。实施重大文化工程，带动社会文化工作的开展。全国文化信息资源共享工程，运用现代科学技术，实现优秀文化信息资源在全国范围内共建共享，数字资源量已达到68TB，在丰富广大人民群众特别是经济欠发达地区群众的精神文化生活、缩小城乡之间文化发展上的差距等方面发挥了重要作用。送书下乡、流动舞台车、古籍保护、中华再造善本等重要工程达到了预期目标。

（三）文化市场和文化产业蓬勃发展。30年来，我国文化市场以“一手抓繁荣，一手抓管理”的方针为指引，基本形成了由娱乐市场、演出市场、音像市场、电影市场、网络文化市场、艺术品市场等组成的统一、开放、竞争、有序的文化市场体系，初步建立起以综合行政执法、社会监督、行业自律、技术监控为主要内容的文化市场监管体系。到2007年底，全国文化系统登记注册的文艺表演团体达4512个，艺术表演场所2070个，演出经纪机构1024个，文化娱乐场所82174家，艺术品经营机构1112家，音像制品批发零售出租机构87137家，网吧13万多家，其他文化经营单位11783家。文化市场形成多样化、多层次、多渠道的文化产品供给新格局和传播快、覆盖广、容量大的文化产品流通新网络。各类资本发展文化产业的积极性日益高涨，大量资本和人力资源涌入文化产业领域，一个以公有制为主体、多种所有制共同发展的文化产业新格局正在逐步形成。演艺、音像、艺术品等传统文化产业较快增长，网络、游戏、动漫、流媒体等新兴文化产业迅速崛起，一批有较强实力、竞争力、影响力和自主创新能力的大型文化企业和企业集团脱颖而出，一批具有民族特色、自主知识产权和原创性的知名文化品牌应运而生。截至2007年底，我国经营性文化产业机构已达27.2万家。文化产业日益成为市场经济条件下繁荣社会主义文化、满足人民群众精神文化需求的重要途径，文化产业对国民经济增长的贡献不断上升。2006年，我国文化产业实现增加值5123亿元，占GDP比重2.45%，对GDP增长的贡献率为3.41%，拉动GDP增长0.36个百分点，年增长速度达到17.1%，高于同期国内生产总值、同期第三产业年增长速度。一批有实力的文化企业积极走向世界，开拓国际市场。据商务部统计，2007年我国文化产品和服务进出口贸易总额为166.4亿美元，其中核心文化产品进出口贸易总额达到129.2亿美元，比2006年增长26.6%，是2001年的3.7倍；文化服务进出口贸易总额为37.2亿美元，比2006年增长39.9%，是2001年的6.1倍，我国文化产品进出口不平衡的局面有所改观。

（四）文化遗产保护成效显著。党和政府高度重视文化遗产保护和抢救工作。国务院自2006年起设立“文化遗产日”，文化遗产保护宣传深入人心，保护文化遗产的意识逐渐增强，成为全社会的文化自觉。国家分别于1981年和2007年开展了第二次和第三次大规模文物普查，国务院先后公布5批全国重点文物保护单位，公布国家历史文化名城共109座，中国历史文化名镇名村共157处。西藏布达拉宫、故宫等历史建筑的保护和修缮工程、三峡大坝、青藏铁路等国家重点工程的考古发掘与保护、四川汶川大地震后文物保护等工作取得显著成效。博物馆体系日臻完善，1978年底全国文物系统博物馆只有349个，截至2007年末，全国文物系统有博物馆1722个，增长了近5倍。各部门、各系统、各行业和民间兴办的博物馆也取得了长足进步，目前全国博物馆总数已超过2400个，初步形成了门类丰富、特色鲜明的博物馆发展新格局。自1987年中国的第一批6项遗产进入《世界遗产名录》以来，我国已拥有世界遗产37处。民间文物收藏快速发展，收藏的规模、范围、品质和社会影响都达到了前所未有的高度，文物市场逐步走上健康快速发展的轨道。

随着文化遗产保护观念的逐步深入，我国非物质文化遗产保护工作进入了一个新的阶段。非物质文化遗产保护机制逐步建立，国务院已公布两批国家级非物质文化遗产名录项目1028项。国家、省、市、县四级非物质文化遗产保护名录体系已经初步建立。公布了两批国家级非物质文化遗产项目代表性传承人共777名。先后设立了福建省闽南文化生态保护实验区、徽州文化生态保护实验区、青海省热贡文化生态保护实验区和羌族文化生态保护实验区。昆曲艺术、古琴艺术、新疆维吾尔木卡姆艺术以及与蒙古国联合申报的蒙古族长调民歌已被列入联合国教科文组织“人类口头和非物质遗产代表作”名录。

（五）中外文化交流日益活跃。文化外交已经成为我国继经济、政治外交之后的第三大支柱，成为国家整体外交战略的一个重要组成部分。目前，我国同世界上160多个国家和地区保持着良好的文化交流关系，先后与145个国家签订政府间文化合作协定和近800个年度文化交流执行计划，全方位地对外文化交流的新格局已经形成。对外文化交流渠道逐渐拓宽。实施品牌战略，从深度和广度上拓展活动的影响力，“春节品牌”、“相约北京”、“亚洲艺术节”、“中国上海国际艺术节”等已成为在世界上广泛传播中华文化的重要载体。

（六）文化体制改革不断深化。30年来，文化体制改革从局部到整体，从机制调整到体制创新，不断探索，不断推进，不断深化。党的十六大以后，文化体制改革以“区别对待、分类指导，循序渐进、逐步推开”的方针为指导，不断向面上扩大，向纵深拓展。积极探索艺术院团改革的有效途径，探索多种资源整合的形式，实现优势互补，发挥存量资源的效用，使艺术资源的配置和院团的布局结构得到优化。按照“成熟一个转一个”的要求，完成了一批艺术院团的转企改制工作。积极塑造市场主体，一批经营性文化事业单位实现转企改制。

（七）文化建设的保障体系更加完善。30年来，国家出台了一系列促进文化建设的政策，加大财政文化投入、开征文化事业建设费、引导文化公益捐赠、支持社会力量兴办文化事业、扩大市场准入等，使长期困扰文化建设的投入不足、资金短缺等难题得到一定程度的缓解。十六大以来，国家财政对文化事业的投入达到了历史最高水平。文化事业费逐年增加，全国文化事业经费累计达到580.82亿元，年均增长22.5%。在全国文化事业费增加的基础上，中央和省级财政设立了专项扶持资金，加大对农村地区，特别是老、少、边、穷地区文化建设的扶持力度。文化政策进一步完善，文化法规进一步健全，文化法律框架体系初步形成。2006年国家首次颁布了文化发展专项规划——《国家“十一五”时期文化发展规划纲要》。国家制定并修订了《文物保护法》、《著作权法》，国务院制定文化行政法规十余部，文化部发布部门规章45件，为文化的健康发展提供了根本保障。

30年来文化建设的基本经验

（一）必须围绕大局，充分认识文化的地位和作用，不断提高文化自觉意识。

（二）必须高举中国特色社会主义伟大旗帜，坚持先进文化的前进方向。

（三）必须坚持以人为本，满足人民日益增长的精神文化需求，保障人民基本文化权益。

（四）必须坚持重在建设，以发展繁荣文化为主题，以构建公共文化服务体系为抓手，为人民奉献更多更好的精神食粮。

（五）必须坚持三个“两手抓”的发展思路，转变文化发展方式，推动文化全面协调健康发展。

（六）必须解放思想，坚持改革创新和科技进步，破除制约文化发展的体制性障碍，解放和发展生产力，为文化发展提供强大动力。

（七）必须尊重知识、尊重劳动、尊重创造、尊重人才，遵循文化发展规律，努力实现文化的理想发展、和谐发展。

（八）必须坚持积极吸引民营资本和海外资本参与文化建设，形成公有制为主体、多种所有制共同发展的文化产业格局和以民族文化为主体、吸收外来有益文化的文化对外开放格局。

（九）必须提升国家文化软实力，实施文化“走出去”战略，增强中华文化国际影响力。

改革开放30年，是广大文化工作者解放思想、与时俱进、开拓进取的30年，是中华文化伟大复兴的30年，是中国文化事业繁荣发展的30年。当前，我们正站在历史新的起点上，要在改革开放30年快速发展之后继续保持蓬勃发展的势头，实现中华民族的伟大复兴，任重而道远。

万钢：讲述动人激奋的“春天的故事”

2008年11月25日，中宣部、中直机关工委、中央国家机关工委、教育部、解放军总政治部、中共北京市委联合在北京人民大会堂举行形势报告会。全国政协副主席、科技部部长万钢应邀做了“春天的故事——科技事业改革开放三十年回顾与展望”的报告，从科技战略的四次飞跃、科技发展的重大成就和科技发展的前景展望三个方面讲述了一幕幕动人、激奋的“春天的故事”。

新中国成立以来，党和国家历代领导人都高度重视科学与技术的发展，早在1956年，周恩来总理就亲自提议、主持、制定了我国《十二年科学技术发展规划》，为我国科学技术的发展奠定了基础。作为规划的重大标志性成果“两弹一星”的成功，向全世界昭示：中华民族有信心、有能力攀登世界科学技术的高峰。

改革开放30年来，我国科技发展的战略决策与部署与时俱进，科技事业实现了中华民族史上最快的发展与最大的跨越。30年的伟大实践实现了四次战略思想的飞跃。

第一，解放思想、拨乱反正，确立科学技术的关键地位。

1978年3月，党中央在京召开了规模盛大的全国科学大会。这次大会是在粉碎“四人帮”、国家百废待兴的形势下召开的一次重要会议，是新中国科技发展史上一个重要的转折点和里程碑。邓小平同志在大会上深刻阐述了科技发展中的思想认识问题、人才培养问题和党的领导体制问题，重申了“科学技术是生产力”这一马克思主义基本观点，明确指出“四个现代化，关键是科学技术现代化”、“知识分子是工人阶级的一部分”，向全社会发出了“树雄心，立大志，向科学技术现代化进军”的伟大号召。科学之春再次开篇。

第二，以改革为动力，引导科学技术在为经济建设服务中实现新的发展。

十一届三中全会以后，全社会科技创新活力得到激发，科技事业各方面工作发展很快，但科技与经济脱节问题日益显现，科学技术成果不能迅速转化为现实生产力，抑制着科技人员智慧和创造才能的发挥，直接影响着科技事业的自身发展。科技体制改革势在必行。

1985年，中共中央作出《关于科学技术体制改革的决定》，确立了“经济建设要依靠科学技术、科学技术要面向经济建设”的指导方针，开始了“放活科研机构、放活科研人员”的改革。

在科技事业发展方面，国家相继出台了科技攻关计划、“863”计划、“星火”计划、“火炬”计划、“攀登”计划，建立了国家自然科学基金，在面向国民经济主战场、面向基础和高科技前沿发展、推动农村科技发展、推动高新技术产业化发展、推动科技法制化建设、建立技术市场、设立国家高新区、发展民营科技企业等方面，国家都进行全面的部署。

第三，加速科技进步，实施科教兴国、人才强国战略。

1995年5月，中共中央作出了《关于加速科学技术进步的决定》，以江泽民同志为核心的党的第三代领导集体全面落实邓小平同志“科学技术是第一生产力”，提出实施科教兴国的重大战略，坚持教育为本，把科技与教育摆在经济、社会发展的重要位置，增强国家的经济实力及向现实生产力转化的能力，提高全民族的科技文化素质，把经济建设转移到依靠科技进步和提高劳动者素质的轨道上来。

为此，国家进一步丰富了科技发展的各项举措，相继出台《科学技术进步法》、《科技成果转化法》等科技法规，实施了国家基础研究计划（“973”计划），设立了科技型中小企业创新基金、农业科技成果转化基金和国际科技合作专项资金，实施了“人才、专利、技术标准”三大战略，部署了“十二个重大科技专项”等。

与此同时，按照“稳住一头，放开一片”的改革思路，进一步深化科技体制改革。1998年，中科院启动了知识创新工程试点工作。1999年，原10个国家工业局所属242个科研机构进行企业化转制；2001年，全国20个部门所属社会公益类科研机构开始分类改革；高教系统进行了旨在建设一批高水平研究大学的“211”和“985”工程。

第四，提高自主创新能力，建设创新型国家。

21世纪前20年，是我国经济社会发展的重要战略机遇期，也是科学技术发展的重大战略机遇期。全面建设惠及十几亿人口的小康社会，加快现代化发展进程，要求对科技发展做出前瞻性、战略性和全局性的部署。以胡锦涛为总书记的党中央，正确把握国内外发展大势，确立了“提高自主创新能力，建设创新型国家”的战略。

2006年1月9日，中共中央、国务院在北京召开全国科学技术大会，作出了《中共中央国务院关于实施科技规划纲要 增强自主创新能力的决定》，颁布《国家中长期科学和技术发展规划纲要（2006—2020）》，确立了“自主创新，重点跨越，支撑发展，引领未来”的新时期科技工作方针，提出到2020年使我国进入创新型国家行列。

党的十七大把提高自主创新能力、建设创新型国家作为国家发展战略的核心、提高综合国力的关键，摆在促进国民经济又好又快发展的突出位置。我国科技事业进入创新发展的新阶段。

改革开放30年来，在党中央、国务院的坚强领导下，我国科技事业蓬勃发展，取得了辉煌的成就。

1. 科技创新能力进一步提高

科技投入大幅度提高。2007年，全社会研究开发经费总支出为3701亿元，占GDP1.49%，总量居世界第五位。

科技创新能力不断提升。2006年，我国发明专利申请总量达21万件，居世界第四位。国际科学论文数提升到世界第二位，被引用次数也居世界前列。

重大和关键领域取得突破。在当代科技的许多重要领域涌现出如载人航天、探月工程、超级杂交水稻、高性能计算机、超大规模集成电路、核电技术、节能与新能源汽车等为代表的重大自主创新性成果，促进了高技术及产业的跨越发展。

科技人才队伍不断壮大。我国科技人力资源已接近4000万，位居全球第一，45岁以下中青年科研人员占研究队伍总人数的近80%，人才“断层”的现象已基本消除，海外留学人员回国人数快速增长。

2. 基础研究取得显著成果

基础研究基本形成了门类齐全的学科体系。纳米、生物等新兴领域取得了一大批重要原始创新成果，一些重要领域与世界先进水平差距缩小。非线性光学晶体、量子信息和通信、超强超短激光研究已居世界前列。认知科学、地球科学和古生物学研究方面取得一系列突破性成果，为世界科学界所瞩目。2006年，我国材料科学和数学的国际排名居世界第四位，化学综合排名居世界第六位，物理综合排名居世界第十位，纳米技术专利数居世界第三位，地学和计算机科学综合排名位居世界第七位，生命科学居世界第十四位。

3. 高新技术产业化成果卓著，为经济发展、结构调整以及发展方式的转变提供了重要支撑

我国高新技术产业已经成为拉动国民经济增长的重要力量。2007年，高技术产业增加值占GDP的比重达到7.8%，在全部制造业中的比重已达15%，高技术产品在全部商品出口贸易总额中的比重达到30%。高技术制造业规模已居世界第二位。

国家高新技术产业开发区发展，走出了一条符合社会主义市场经济规律、有中国特色的高新技术产业化道路。1991—2006年，国家高新区主要经济指标实现了年均40%以上的增长，为保持国民经济的长期持续增长做出了重要贡献。从2001年起，国家高新区的人均GDP开始超过1万美元，率先进入了经济发展的新阶段。2006年，国家高新区人均GDP为21万元，是全国人均GDP1.6万元的13倍；人均工业总产值为62.57万元，是全国的6.23倍；平均万元GDP能耗0.44吨标准煤，仅为全国平均水平1.2吨标准煤的36.7%。2007年，全国54个国家高新区和苏州工业园营业总收入55812.3亿元，工业总产值46067.6亿元，工业增加值11288.5亿元，工业增加值占到全国全部工业增加值的（第二产业增加值121381亿元）9.3%。

4. 科技支撑重大工程建设能力大幅提升

我国在持续20多年举世空前的大规模基础设施建设和城市发展中，攻克了大量复杂的技术难题，有力支撑了三峡工程、青藏铁路、西电东输、南水北调等重大工程建设。

5. 农业科技创新，为解决“三农”问题、保障粮食安全发挥了重大作用

粮食丰产科技工程使我国主要农作物良种覆盖率达到95%以上，粮食单产水平显著提高，创下了一系列高产纪录。长江中下游平原稻麦两熟地区单季稻15亩连片最高亩产903公斤，黄淮海平原小麦、玉米一年两熟亩产1733公斤，东北平原春玉米亩产1183公斤。我国利用全球9%的耕地养活和养好了世界上22%的人口，这是举世公认的了不起的成就，其中农业科技发挥了举足轻重的作用。此外，农村科技特派员、农业科技“110”以及富民强县工程为农村发展注入了强大的科技活力，对农村发展产生了重大推动作用。

6. 发展民生科技，促进科技惠民，保障了社会可持续发展

科技面向社会发展重大需求，把资源、环保和人口健康、公共安全放在优先位置，在环境保护和污染治理、大气污染控制、人口与健康保障等方面加强技术攻关，取得了大量研究成果，有效提升了科技服务社会公益发展的能力，促进了经济与社会的协调、人与自然的和谐发展。

7. 坚持改革开放，促进国际合作，形成全方位、多形式、广领域、高水平国际合作局面

目前，我国已与世界100多个国家政府和国际组织签署了合作协定。以参加人类基因组计划、欧洲伽利略卫星定位与导航计划、国际热核聚变试验堆计划等世界大科学工程为标志，我国对外国际科技合作进入了平等双赢的新时期。

8. 科技为北京奥运成功举办和富有成效的抗震救灾提供了强有力支撑

科技奥运专项行动计划，实现了科技奥运计划中绿色能源、清洁汽车、节水循环、节电照明、智能交通等重大目标。科学技术与奥林匹克精神的融合，使奥运成为传播科学知识、提高科学素质、促进科技进步、惠及人民大众的社会大舞台。

在“5·12”汶川特大地震抗震救灾中，高精度遥感遥测技术为中央及时、准确提供灾情现状。太阳能电源、卫星移动通信、数字集群通信系统为救援指挥、运输提供了保障。战地医院、远程医疗、快速检测技术为救助灾民发挥了重要作用。数字电视、网络教室设备为灾区恢复教育做出了贡献。

进入新世纪，科学技术发展更加迅猛，学科交叉融合加快，新兴学科不断涌

现，技术更新和成果转化的周期缩短，各类技术的相互融合更加频繁，推动了全球产业结构的快速升级和调整。重大学科突破引发的技术变革，催生着新一轮的科技革命及产业革命。我们必须进一步丰富对科技创新与经济发展关系的认识，加强科技宏观管理改革，坚持创新驱动，加快推进国家创新体系建设，走中国特色的自主创新道路，努力建设创新型国家。

推进自主创新，推广自主创新科技成果，积极应对金融危机。在推进自主创新方面，把培育新兴产业作为新的经济增长点，作为扩大内需的一条重要途径；积极推进传统产业改造升级，大力推进制造业信息化，推广应用节能减排新技术、降低能耗，减少排放，降低成本，促进产品换代升级；充分利用积极财政政策，加强民生科技，加大与食品安全、健康卫生相关的公共产品供给；加大科技型中小企业创新基金和创业投资引导基金的支持力度，支持有创新潜力的中小企业渡过难关、发展壮大。在推广自主创新科技成果方面，加快节能与新能源汽车推广应用，组织“十城千辆”商业化示范工程；加快半导体照明的规模化应用，实施“十城万盏”工程；实施“金太阳工程”，培育能源产业新增长点；推广普及低成本计算机，缩小“数字鸿沟”；加快3T网络建设，促进现代服务业发展；推广节能减排技术，促进钢铁、电力等行业的发展。

大力促进企业自主创新能力建设。通过技术创新引导工程、创新型企业试点和建立产学研技术创新战略联盟，加快推进企业成为创新投入的主体、创新活动的主体和创新收益的主体，提高企业的自主创新能力。

使创新成为国家战略和政策的核心。通过提供法律保障、制定创新政策、增加创新投资、强化政府宏观调控和协调，使创新特别是自主创新真正成为国家战略和政策的核心。

加强科技宏观管理改革，为创新驱动发展提供体制机制保障。在新形势下加强科技宏观管理，必须适应社会主义市场经济的新型科技体制的要求，提高科技的公共服务能力，以制度创新推动科技进步和创新。重点围绕国家科技发展规划的制定与实践、国家科技计划的确定与布局、基础科技能力建设与科技资源分配、国家创新体系建设，突出抓好战略、布局、平衡、协调四个方面。一是研究制定科技发展战略和政策，突出国家战略目标导向，在重点和关键领域实现突破，充分体现国家目标和战略意愿；二是完善科技结构布局，适应创新链管理的要求，站在国家创新网络的高层，抓住纵（行业）横（区域）两条主线，以区域、行业创新体系为依托，形成国家科技的布局和结构；三是坚持综合平衡，加强与部门、行业以及地方的协调配合，加强国家科技计划与经济社会发展规划的衔接，实现中央和地方、军民科技力量的有机结合；四是实现统筹协调，坚持市场机制与政府调控的有机结合，协调社会各路科技大军，为全社会科技活动创造良好的公共平台和政策环境。

按照党的十七大对科技事业发展提出的新要求，我们将紧密团结在以胡锦涛为总书记的党中央周围，深入贯彻落实科学发展观，进一步坚持改革开放和创新驱动，以持之以恒的努力，锲而不舍的争取，万难不退的毅力，抓住稍纵即逝的机遇，加快推进《规划纲要》和重大科技专项的实施，在走中国特色自主创新道路中不断开创科学技术事业发展新局面，为经济社会又好又快发展提供强大动力，为提高自主创新能力、推进创新型国家建设作出更大的贡献。

●○ 1988年10月16日，中国第一座高能加速器——北京正负电子对撞机首次对撞成功。

小贴士
Xiao Tieshi

科技十大进步

神舟飞船	小浪底工程
杂交水稻	高温超导技术
乙肝疫苗	转基因棉花
曙光系列计算机	黄土成因研究
五笔输入法	辽西鸟化石

《南方周末评选》

李荣融：国有企业改革发展取得宝贵经验

国务院国资委主任李荣融2008年8月在《求是》上撰文指出，2008年是改革开放30周年，也是国有企业改革30周年。30年来，在党中央、国务院的正确领导下，在各地区、各部门的大力支持下，国有企业改革不断深化，基本实现了与市场经济的有效结合，国有经济不断发展壮大，活力和竞争力明显提升，布局和结构不断优化，在国民经济中的主导作用进一步增强。

文章指出，国有企业改革发展取得宝贵经验。国有企业改革发展的30年，是一个不断探索、不断实践、不断深化改革、不断自我完善的过程。总结30年的历程，以下经验是需要认真记取的。

必须不断解放思想，积极探索。30年国有企业的改革发展历程，是一次次解放思想、理论创新、积极探索的过程。十一届三中全会以后，中央开始调整国家与企业的责权利关系，采取扩权让利、承包经营、逐步放开市场与价格等多种方式，调动了企业和职工的积极性。从20世纪80年代开始，发展个体私营经济、试办经济特区到全方位对外开放，形成各种所有制经济的有效竞争，使国有企业看到差距，激发改革发展的紧迫感和使命感。

党的十五大提出着眼于从整体上搞好国有经济，抓好大的，放活小的，对国有经济实施“有进有退”的战略性调整，是国有企业改革的重大战略转变，使优胜劣汰的竞争机制逐步形成，为国有企业的持续快速发展提供了制度基础。经过改革脱困、结构调整、技术改造、加强管理、完善国有资产管理体制等一系列积极探索，国有资本进一步向关系国家安全和国民经济命脉的重要行业和关键领域集中，国有经济呈现出较强的活力、控制力和影响力，在国民经济中的主体地位和主导作用进一步增强。

始终坚持市场化的改革方向。国有企业的30年改革，从本质上讲，是要适应社会化大生产和市场经济的要求，寻找一条公有制与市场经济相结合的有效途径。30年间，国有企业从政府行政机关的附属，逐步发展成为自主经营、自负盈亏、自我发展、自我约束的商品生产与经营者，并在国内国际市场的激烈竞争中发展壮大，呈现出较强活力和竞争力，关键在于始终坚持了市场化的改革方向，按照市场经济规律进行自主经营，通过市场竞争，逐步发展成为具有独立法人地位的市场主体。

改革开放30年，通过建立现代企业制度，完善公司治理结构，更是从体制和机制上强化了国有企业的市场主体地位，增强其市场化运作的适应力和自觉性。30年的改革发展，国有企业已经实现了向市场经济的过渡，国有经济与市场经济实现了有机结合。实践证明，遵循企业发展规律，坚持市场化改革方向，在市场经济条件下国有企业是完全能够搞好的。

依靠体制突破和理论创新实现攻坚破难。30年国有企业改革发展的每一个关键时刻，取得的每一项重大进展，都离不开体制突破和理论创新。十一届三中全会提出全党工作的着重点转移到社会主义现代化建设上来，才有了放权让利，给企业更多的经营管理自主权的改革举措，为国有企业进入市场奠定了初步基础。十二届三中全会提出有计划的商品经济，才有了“国家调节市场、市场引导企业”的指导方针。

党的十四大提出建立社会主义市场经济体制，十四届三中全会进一步明确提出，国有企业改革的方向是建立现代企业制度。十五大提出公有制实现形式的多样化，十五届四中全会进一步明确股份制是公有制的有效实现形式，开拓了国有企业改革的新路径，股份制改革与资本市场的建立，增强了国有经济的发展活力，提高了国有资本的控制力。十六大提出深化国有资产管理体制改革，建立“三分开”、“三统一”、“三结合”的国有资产管理体制，突破了长期以来束缚国有企业发展的体制性障碍，开创了国有经济又好又快发展的崭新局面。

必须综合配套推进改革。30年来，党和政府始终把国有企业改革作为经济体制改革的中心环节，通过完善法制、体制、市场等外部环境，推动国有企业改革不断深化。从民法通则、企业法，到公司法、破产法、物权法，国有企业改革的法制环境日臻完善。从放权让利到减少和撤销政府经济管理部门、完善国有资产管理体制，国有企业改革的体制环境日趋健全。

从计划、金融、投资体制改革到发展完善商品、资本、技术和人力资源等市场，国有企业改革的市场环境不断改善。从减员增效、下岗分流、实施再就业工程，到主辅分离辅业改制、分离办社会职能，再到建立和完善社会保障制度，为国有企业平等参与市场竞争提供了必要条件。没有综合配套改革，就没有今天国有企业改革发展的良好局面。

30年来，国有企业改革发展取得了显著成效，但仍然面临着许多深层次矛盾和问题。我们要以邓小平理论和“三个代表”重要思想为指导，深入贯彻落实科学发展观，全面贯彻党的十七大精神，加快国有企业改革步伐，推动国有企业实现又好又快发展，为夺取全面建设小康社会新胜利作出更大的贡献。

杨洁篪：改革开放以来的中国外交

2008年9月，外交部部长杨洁篪在外交部网站发表题为《改革开放以来的中国外交》的文章论述了改革开放以来中国外交成就与经验。文章如下：

1978年，中国共产党召开具有重大历史意义的十一届三中全会，开启了改革开放历史新时期。这场历史上前所未有的大改革大开放，使当代中国同世界的关系发生了历史性变化，也使中国外交进入了崭新的历史时期。30年来，在党中央坚强有力的领导下，我们顺应形势，开拓进取，把握机遇，化解挑战，取得了举世瞩目的辉煌成就。中国国际地位显著提高，国际影响日益扩大，与世界各国友好合作关系全面发展。刚刚结束的北京奥运会盛况空前，标志着中国将以更加开放的姿态活跃在世界舞台上。

一、改革开放以来的中国外交经历了三个重要历史发展时期，外交工作取得了重要成就

（一）20世纪70年代末到80年代末，东西方“冷战”逐步接近尾声，世界多极化趋势日益发展。邓小平同志高瞻远瞩，抓住机遇，及时作出一系列重大战略调整，打开了我国外交工作的新局面。

第一，科学判断形势，从根本上调整外交战略。邓小平同志对国际形势和时代主题作出新的科学判断，指出和平与发展是当今世界两大问题，世界大战并非不可避免和迫在眉睫。这为我们集中精力搞经济建设提供了重要依据，也为对外政策的一系列重大调整提供了条件。

第二，提出独立自主和不结盟，改善和发展同各主要大国的关系。调整联合一切力量制衡苏联的“一条线”战略，不与任何大国或国家集团结盟，不以意识形态定亲疏。1979年1月，中美正式建交，两国各领域交流与合作稳步发展。逐步缓和同苏联的关系，于1989年5月实现了中苏关系正常化。同日本、西欧及东欧国家的务实合作有了长足发展。

第三，妥善处理同邻国的历史遗留问题，促进与周边国家关系的改善和发展。调整对东南亚国家的政策，注意严格区分党际关系与国家关系，使我国同东南亚国家的双边关系有了很大改善。提出解决中印边界问题的五点方针，同印度恢复高级互访和边界谈判。

第四，推动同广大发展中国家的务实合作。提出“平等互利、讲求实效、形式多样、共同发展”经济合作四原则，开展形式多样的经济合作，使我国与发展中国家关系有了更深厚的经济基础。

第五，在国际和地区事务中发挥作用，扩大国际影响。积极参与柬埔寨问题的

政治解决进程，为缓和东南亚地区紧张局势发挥了重要作用。为阿富汗问题的解决作出了自己的贡献。

第六，创造性地提出“一国两制”构想，推进祖国统一大业。1982年，邓小平同志提出按“一国两制”原则收回香港。经过艰苦谈判，中国政府于1984年12月和1987年4月，分别与英国和葡萄牙政府就对香港、澳门恢复行使主权签署联合声明。

（二）20世纪80年代末，世界进入新旧格局交替时期。以江泽民同志为核心的第三代中央领导集体，创造性地继承和发展邓小平外交思想，我国外交工作取得新的成就。

第一，坚持原则性和灵活性相结合，顶住国际压力，打破西方“制裁”。1989年春夏之交北京发生政治风波后，西方国家对我国采取“制裁”措施，我国坚持原则、顶住压力、多做工作。1989年底，日本率先恢复对华政府援助。从1990年底起，我国同西欧国家逐步恢复高层互访。1993年，江泽民主席与美国总统克林顿会晤，结束了1989年6月以来中美没有元首会晤的不正常局面。

第二，推动同各大国建立面向21世纪的新型合作关系，构筑有利的大国关系框架。1996年，中俄建立战略协作伙伴关系。2001年，中俄签署《睦邻友好合作条约》，将“世代友好”的和平思想用法律形式固定下来。1997年，中美决定共同致力于建立建设性战略伙伴关系，表明两国愿共同积极寻求发展一种长期稳定的、合作性而非对抗性的关系。1998年，中国与欧盟建立建设性伙伴关系，与日本建立友好合作伙伴关系。

第三，发展睦邻友好，营造有利的周边环境。继与印尼复交、与新加坡和文莱建交、与越南和老挝关系正常化后，1997年中国与东盟确定建立睦邻互信伙伴关系。在与朝鲜保持传统友好关系的同时，实现同韩国关系正常化。在中亚继与中亚五国建交后，又与俄罗斯共同推动成立上海合作组织。我国还与绝大多数陆上邻国解决了边界问题。

第四，加强同发展中国家的团结与合作。2000年，中国和非洲国家共同倡议成立“中非合作论坛”。我国同不结盟运动、77国集团等发展中国家组织加强了联系和协调。

第五，广泛参与国际事务，维护世界和平，促进共同发展。全面参与多边外交各领域的活动，并开始积极参加联合国维和行动。2000年9月，江泽民主席参加联合国千年首脑会议，倡议举行安理会五个常任理事国领导人首次会晤。我国成功承办2001年亚太经合组织领导人非正式会议。

第六，捍卫国家主权、领土完整和民族尊严，推进祖国统一大业。恢复对香港、澳门行使主权。多次挫败台湾当局“重返联合国”图谋，挫败世界卫生大会涉台提案。在联合国人权委员会上多次挫败西方国家的反华提案。妥善处理了我国驻南斯拉夫使馆遭袭和我国军机被撞事件。

（三）进入21世纪以来，国际形势处于深刻演变之中。以胡锦涛同志为总书记的党中央冷静分析国内外形势，紧紧抓住战略机遇期，高举和平、发展、合作的旗帜，我国对外工作取得新的重大进展。

第一，与主要大国关系稳定发展。中俄两国战略协作伙伴关系全面深入快速发展，进入历史最好时期。中美同意全面推进21世纪建设性合作关系。我国同欧盟及其主要成员国建立了全面战略伙伴关系。2008年5月，胡锦涛主席对日本成功进行“暖春”之旅，开创中日战略互惠关系新局面。我国同各主要大国启动战略对话磋商机制。

第二，同周边国家睦邻友好合作关系进一步扩大和深化。我国同印度、印尼等国建立不同形式的战略伙伴关系，同哈萨克斯坦等国签订友好合作条约。推动上海合作组织成员国缔结长期睦邻友好合作条约，上合组织进入全面务实合作阶段。我国作为首个非东盟国家加入《东南亚友好合作条约》，东盟—中国（10+1）、东盟—中日韩（10+3）合作成果显著。推动南海、东海共同开发迈出新步伐。

第三，同发展中国家的团结合作取得重要进展。2006年，我国成功主办“中非合作论坛”北京峰会，这是新中国外交史上主办的规模最大、领导人出席最多的国际会议，对巩固和发展我国与非洲国家的友好关系具有重大意义。2004年成立“中阿合作论坛”。同拉美、加勒比和南太平洋地区国家互利合作不断深化。加强了同巴西、南非、墨西哥等发展中大国的协调与合作，中俄印、中俄印巴（西）“金砖四国”等合作机制日益充实、完善。

第四，多边外交丰富多彩，更加活跃。在联合国、八国集团同发展中国家领导人对话会（G8+5）等多边舞台上，胡锦涛主席等党和国家领导人积极开展高层外交，宣示我国重大理念及主张，拓展与各方关系，维护我国利益与形象。我国推动形成朝鲜半岛核问题六方会谈机制，为推动朝核问题和平解决发挥了重要独特作用。积极参与解决全球性和地区热点问题，发挥负责任大国作用，迄今已向22项联合国维和行动派出维和人员两万人次。

第五，积极开展安全外交。全力维护国家主权安全。在国际上与“台独”、“藏独”、“东突”等分裂活动进行坚决有效斗争。严防和遏制“法轮功”等境外敌对势力的分裂干扰活动。大力倡导互信、互利、平等、协作的新安全观，积极开展和深化反恐等非传统安全领域的国际合作。

第六，全面开展经济外交。利用高层互访和国际多边峰会等重大外交活动，促成一批重大合作项目。大力推动区域和双边自由贸易区合作，我国与有关国家和地区正在建设的自贸区有12个，其中已签署协议并开始实施的有6个。承认我国完全市场经济地位的国家达77个。提出新能源安全观，积极开展能源资源外交。为我国企业“走出去”提供服务。

第七，努力开展公共外交和文化外交。党和国家领导人深入阐述我国和平发展道路、科学发展观等治国理念和内外方针，努力增进各国民众对我国内外政策的了解和支持。主办“文化年”、“文化节”等对外文化活动，建立“孔子学院”和海外文化中心。以筹办北京奥运会、上海世博会等重大活动为契机，大力开展多层次多领域的公共外交活动，增进了国外公众对中国的了解和友好感情。我国和平、民主、文明、进步的国家形象进一步树立。

第八，坚持以人为本、外交为民。切实维护我国公民和法人在国外的合法权益。建立境外中国公民和机构安全问题部际联席会议制度，建立健全海外安全风险评估和防范预警机制。成功实施多起从动乱国家大规模撤侨行动，妥善处置我国人员海外遇袭事件。设立外交部领事保护中心，不断加强领事保护的机制建设。

二、中国外交30年的光辉历程，积累了十个方面的宝贵经验

第一，坚持党对外交工作的集中统一领导。外交工作所取得的一切成绩，都是历代中央领导集体英明决策、精心指挥的结果。在外交工作中坚持党的领导，就是要坚持以毛泽东思想、邓小平理论和“三个代表”重要思想为指导，深入贯彻落实科学发展观，把思想认识统一到中央对国际形势的判断上来，统一到中央提出的对外大政方针和战略部署上来，坚决贯彻中央制定的各项对外方针政策。

第二，坚持解放思想，实事求是，与时俱进。我们在外交理论和实践上取得的重大成就，都是坚持解放思想，实事求是，与时俱进的结果。与时俱进是改革开放历史新时期最突出的标志。新时期外交工作面临的新情况、新问题层出不穷，往往无先例可循,只有大胆探索，才能够不断开创外交工作新局面。

第三，坚持科学判断国际形势和我国外部环境。这是做好外交工作的重要基础和前提。我们坚持用辩证唯物主义和历史唯物主义的立场、观点和方法观察世界，科学把握国际形势的发展变化，重视掌握国际形势的发展规律，增强外交工作的战略性和前瞻性。

第四，坚持统筹国内国际两个大局。我们秉承外交为全面建设小康社会服务的宗旨，紧紧围绕党和国家的中心工作，自觉从国内建设和发展需要出发开展外交工作，努力营造和平稳定的国际环境、睦邻友好的周边环境、平等互利的合作环境、互信协作的安全环境和客观友善的舆论环境。

第五，坚持开展全方位外交。同发达国家加强对话，深化合作，妥善处理分歧，推动相互关系长期健康稳定发展；坚持“与邻为善、以邻为伴”，加强同周边国家的睦邻友好，积极开展区域合作；加强同广大发展中国家的团结合作，维护发展中国家的正当要求和共同利益；积极参与多边事务，发挥建设性作用，树立负责任形象。

第六，坚持原则坚定性与策略灵活性的统一。在涉及国家核心利益的重大问题

上，必须立场坚定，旗帜鲜明，敢于斗争，善于斗争，绝不拿原则作交易。同时讲究策略，灵活务实，坚持有理、有利、有节，维护我国的长远和根本利益。

第七，坚持独立自主的和平外交政策。从中国人民和世界人民的根本利益出发，根据事情本身的是非曲直来决定自己对国际事务的立场和政策。不以意识形态划线，不以社会制度的异同来决定国家关系的好坏或亲疏。按照和平共处五项原则处理国家关系，充分尊重各国特别是广大发展中国家自主选择发展道路的权利。

第八，坚持走和平发展道路。中国走和平发展道路，是由中国国情决定的，是由中国文化传统决定的，是由中国适应世界发展潮流决定的，归根到底是由中国共产党领导的社会主义国家的性质决定的，由中国实现社会主义现代化的目标决定的。和平发展道路的精髓是争取和平的国际环境来发展自己，又以自己的发展促进世界的和平。

第九，坚持互利共赢的开放战略。坚持以自身的发展促进地区和世界共同发展，在实现本国发展的同时兼顾对方特别是发展中国家的正当关切。坚持按照通行的国际经贸规则，扩大市场准入，依法保护合作者权益。支持国际社会帮助发展中国家增强自主发展能力，缩小南北差距。支持完善国际贸易和金融体制，推进贸易和投资自由化、便利化，通过磋商协作妥善处理经贸摩擦。

第十，坚持推动建设持久和平、共同繁荣的和谐世界。遵循联合国宪章宗旨和原则，恪守国际法和公认的国际关系准则，在国际事务中弘扬民主、和睦、协作、共赢的精神，倡导国与国之间政治上相互尊重、平等协商，经济上相互合作、优势互补，文化上相互借鉴、求同存异，安全上相互信任、加强合作，环保上相互帮助、协力推进。

三、展望未来，中国外交面临前所未有的机遇和挑战

当前，中国与世界的关系正在发生历史性变化。北京奥运会的成功举办，进一步提高了我国的国际地位和影响，增进了中国人民与世界人民的相互了解和友谊，扩大了中国与世界各国的友好合作。我们要更加紧密地团结在以胡锦涛

同志为总书记的党中央周围，在继承和发展改革开放30年来中国外交成功经验的基础上，深入贯彻落实科学发展观，统筹国内国际两个大局，努力抑止热点、克服难点、创造亮点，大力推进全方位外交。

——继续巩固和发展与主要大国的关系。既保持与美、欧、日等西方大国关系续有发展的良好势头，妥善处理矛盾分歧，努力增进互信和利益汇合点，同时进一步加强与俄罗斯、印度、巴西等新兴大国的战略对话与合作，拓展大国外交的新空间。

——全面深化与周边及发展中国家的友好务实合作。珍惜周边外交来之不易的良好局面，进一步加大对区域合作的投入。巩固发展中国家在我国外交工作中的基础地位，深化传统友好与务实合作关系，扩大在国际事务中的沟通协调。

——继续在国际和地区热点问题上发挥积极和建设性的作用。既要坚持原则，根据事情本身的是非曲直和我们的根本利益决定立场和政策，又要展现中国负责任大国的形象，努力推动热点问题当事方通过和平对话方式解决分歧，维护世界和地区的和平稳定。

——积极开展经济外交、安全外交和公共外交，努力开创有中国特色的多元化外交新格局。针对外交任务和对象日益多元的趋势，进一步发挥外交在推进对外经济合作、维护国家安全、塑造国家形象等方面的重要作用，更好地服务于国内经济社会的持续稳定发展。

——深入总结和研究北京奥运会、汶川地震抗震救灾涉外工作的有益经验和启示，进一步改善我国外部环境、扩大我国与世界互动和提升我国软实力。着眼于“后奥运外交”，最大限度地利用和放大北京奥运会带来的良好效应，推进外交工作机制、体制和理念创新。

站在改革开放30周年的重要历史节点上，我们深知中国外交所肩负的重要历史责任与使命，将全力以赴、奋发图强，为中国的改革开放创造更良好的外部环境，为世界的和平与发展作出新的更大贡献。

2008年12月15日，出生在台湾的81岁的郑坚老先生在两岸直接通邮仪式上投寄出寄往台湾的家书。

Xiangguan Lianjie

相关链接

中国发展变化赢得广泛赞誉

改革开放30年来，中国坚持走中国特色社会主义道路，经济和社会获得了巨大发展，在国际事务中发挥的作用越来越大。“中国奇迹”使许多外国人士不断探究中国经验。新加坡国立大学东亚研究所所长郑永年认为，中国的改革开放对中国自身很重要，对发展中国家、发达国家乃至整个世界也同样重要，它是世界上最大规模的人类社会发展实践活动，而且正在不断向纵深发展，保持着持续的动力。改革开放首先是体制创新。中国根据自身国情出发，提出走具有中国特色的社会主义道路，进行新的探索并取得了成效。中国模式同样具备可供西方国家学习的因素。现在，西方国家许多有识之士已经认识到这一点，中国的成功经验更是日益受到发展中国家的关注，日益体现出吸引力。

日本经济团体联合会会长御手洗富士夫认为，进入新世纪后，中国的政策正在向致力于改变经济结构的方向转变，即向着更加重视质的方向转变。政策的重点不仅仅是经济增长，而是谋求经济与社会的平衡发展。政策目标是在经济政策和产业政策方面实现经济结构的优化。其中值得一提的是，在环保节能领域相继出台了具有实效性的政策。为适应这一需求，经团联中国委员会成立了环境特别工作组，探讨与中国进行环保合作面临的社会经济环境，相信日本与中国环保节能领域合作必将大大加强日中两国的经济关系。

联合国工业发展组织驻伊朗全权代表龚维希认为，中国的发展模式被工发组织及其广大发展中成员国认可，成为发展中国家经济发展的表率。工发组织的文件对中国的称呼已经从20世纪90年代的“发展中大国”变成了“新兴工业化国家”。中国以贸易带动经济发展，以经济发展带动就业、以就业带动脱贫的发展模式成为工发组织发展中成员国学习的榜样。推动“南南合作”是工发组织的目标之一。广大发展中成员国非常看重中国独一无二的发展成就和发展经验。

英国皇家国际研究所的中国问题专家凯里·布朗先生告诉记者，他1991年第一次到北京时，印象最深的是满大街的自行车，而如今北京却为汽车太多出现拥堵而烦恼。除沿海地区外，边远地区经济也发展迅速。1994年，他到内蒙古医学院任外教时，从北京坐火车到呼和浩特要12小时，但现在高速公路几小时直达，内蒙古也成了中国经济发展最快的区域之一。

中国美国商会会长柏迈高博士说，1985年他第一次到中国，首都国际机场只有一个航站楼，不仅显得有些冷清，配套服务也不健全，而如今虽3号航站楼都已投入使用，但仍然感觉首都国际机场的人很多，3号航站楼成为世界最先进的航站楼之一。

奥地利国际比较经济研究所专家瓦尔特豪特·乌尔班教授回忆说，1980年她首次前往中国时，对于奥地利人来说，中国在经济领域还远不是谈论话题。而今天中国已经加入世界贸易组织，中国经济发生的重大事件都成为奥地利政府、企业和媒体关注的热点话题，对学术界来说，研究中国已经从“应该”变成了“必须”。她对中国的研究甚至需要分地区、分行业地进行比较研究，才能满足奥地利企业在中国投资的需求。

中国人的观念、素质和精神面貌的变化也令人惊叹。美国中国问题专家兰普顿说，中国现在面对国际金融危机，主张各国合作，以维护全球经济体系的稳定。

最难忘的事件

2008
中国年谱
看这30年
Kanzhe 30nian

改革开放30年的"第一次"

改革开放，给国人带来了太多的惊喜、太多的感动和太多的"第一次"。此处截取的十几个片断，与30年来我国取得的巨大成就相比，虽只是沧海一粟，但透过它，也完全可以感受到我们祖国的日益强大。

恢复高考后的第一批大学生

1977年8月，刚刚复出的邓小平主持召开了科学与教育工作座谈会。此次会议决定恢复中断10年之久的高考。1977年冬天，570万考生走进了期盼多年的考场。 恢复高考是中国教育乃至中

这是1978年春，北京大学迎来恢复高考后录取的第一批新生。

国历史上的一件大事。高考的恢复提升了高等教育质量，使中国的人才培养也重新走上正常健康的轨道。

农村改革第一村

1978年12月，安徽凤阳梨园公社小岗生产队的18个农民在一份“生死状”上按下手印，作出分田到户的决定以及村干部甘愿承担由此可能带来一切后果的承诺。全国第一个种田包干责任制由此诞生了。这18个农民，用一种自下而上的方式拉开了中国农村经济改革乃至整个经济体制改革的序幕。小岗村因此被称为“中国农村改革第一村”。

第一家合资企业

1980年4月10日，北京航空食品公司被批准成立，5月1日公司在北京正式挂牌。这是改革开放后全国第一家合资企业。

第一个经济特区

1980年8月，中国政府正式批准建立深圳经济特区，随后又在珠海、汕头、厦门、海南建立特区。在中国改革开放的进程中，深圳经济特区一直发挥着“试验田”的作用，创下了物价改革、企业产权转让、住房制度改革等众多个“中国第一”。

第一枚奥运金牌

1984年7月29日，中国射击队选手、27岁的许海峰在第二十三届奥运会上实现了“零的突破”，为中国射落了有史以来的首枚奥运金牌！1984年的奥运会让国际体育界、国际奥委会、体育媒体和关心体育的各国人民，第一次看到了改革开放以后正在走向振兴的中国。

首次对南极进行考察

1984年11月20日，中国首次对南极进行考察。这一天，赴南大洋、南极洲考察队启程出征。参加考察的有国家海洋局“向阳红10号”科学考察船等和南极洲考察队共591人。考察队历时142天，航程2.6万余海里，圆满完成了在南大洋和南极洲的综合考察任务，并于1985年2月20日建成中国第一个南极考察站——长城站。

第一个教师节

1985年1月21日六届全国人大常委会第九次会议确定，每年的9月10日为教师节。

第一家正式宣告破产的国企

1986年8月3日，沈阳防爆器械厂宣告破产，这是新中国成立后第一家正式宣告破产的国有企业。自从有了第一户破产企业，中国的国企改革开始逐步深化。从规范破产、鼓励兼并、下岗分流、实施再就业工程，到扶优扶强、抓大放小，办法越来越多，措施越来越完善，效果也越来越明显。

第一家肯德基餐厅

1987年11月12日，美国快餐公司肯德基在中国的第一家餐厅在北京前门繁华地带正式开业。紧随其后，麦当劳也于1990年在深圳开设了其在中国的首家餐厅。自此，洋快餐如雨后春笋般在中国的大街小巷“遍地开花”。

第一个台湾返乡探亲团

1988年1月21日，第一个台湾返乡探亲团抵达北京，在八达岭长城上，他们激动地高呼：“到家了！”1979年以后，中国政府根据国内外形势的变化，提出了和平统一的方针，并逐步形成了“一国两制”的科学构想，在此基础上，确立了“和平统一，一国两制”的基本方针。坚持一个中国原则，并为两岸关系的发展及台湾问题的和平解决进行长期不懈的努力，是中国政府解决台湾问题的一贯立场。

第一例试管婴儿

1988年3月10日8时56分，中国大陆首例试管婴儿郑萌珠在北京诞生，出生时体重3900克，身长52厘米。这例试管婴儿的科研项目是北京医科大学生殖工程组负责人、中国妇产科专家张丽珠教授和她的同伴刘斌副教授合作完成的，表明中国大陆现代医学技术完成了一次重大突破。

首座高能加速器首次对撞成功

1988年10月16日，中国第一座高能加速器——北京正负电子对撞机首次对撞成功。这是中国继原子弹、氢弹爆炸成功、人造卫星上天之后，在高科技领域又一重大突破性成就。北京正负电子对撞机的建成和对撞成功，为中国粒子物理和同步辐射应用研究开辟了广阔的前景。

第一条高速公路

1988年10月31日，中国第一条高速公路——沪嘉高速公路全线通车。沪（上海）嘉（嘉定）高速公路是204国道（上海至烟台）的入沪路段，南起上海市区祁连山路，北迄嘉定南门。高速路全长20.5公里，宽45米，4车道，设计时速为120公里，于1984年12月21日动工兴建。

第一支成建制非作战维和部队

1992年4月24日，参加联合国维持和平行动的中国工程兵大队抵达柬埔寨磅逊港。1992年4月，中国工程兵大队应联合国秘书长的请求，赴柬埔寨参加维持和平行动。这是中国军队首次派遣成建制非作战部队参加联合国维和行动。他们在极其艰苦的条件下修桥、筑路、平整机场，有力地保障了联合国救援物资的运输和维持和平部队车队的顺利通行，为当地群众的生活提供了方便。 中国积极参与联合国维和行动，至2008年6月，中国军队已经累计派出维和军事人员超过10000人次，先后新建和修复道路7500多公里、桥梁200多座，接诊、收治病人近5万人次，运输人员、物资累计行程470多万公里，排除地雷及各类未爆炸物近万枚。

首次载人航天飞行

1999年11月20日，中国第一艘载人航天实验飞船“神舟”号在酒泉卫星发射中心发射升空，完成空间飞行试验之后，在内蒙古中部地区成功着陆，中国载人航天工程首次飞行实验成功。2003年10月15日，在中国酒泉卫星中心，我国自行研制的长征二号F运载火箭将首次载人的神舟飞船送入预定轨道。首次飞入太空的中国航天员杨利伟在飞船上按预定程序完成了各项实验任务后，航天员乘坐的返回舱于10月

16日在我国内蒙古指定区域安全返回地面，我国载人航天工程首次载人飞行获得圆满成功。中国人几千年的飞天梦想，由神话变成了现实。这标志着我国已进入航天高科技领域先进行列，成为世界上第三个独立掌握载人航天技术的国家。

第一个全民国防教育日

2001年9月15日，是中国第一个全民国防教育日。2001年8月，九届全国人大常委会第二十三次会议决定设立全民国防教育日，确定每年9月的第三个星期六为全民国防教育日。这是中国第一个以法律形式明确规定国防教育的主题节日。

小贴士 Xiao Tieshi

三十年路线

1978－1992年：经济体制改革

1978年，中国开始对计划经济体制进行改革。1979年，农村推广家庭联产承包责任制。1984年，中国做出了经济体制改革的决定。

1992－2001年：中国市场经济

1992年确立社会主义市场经济目标，形成总体开放格局;1996－2000年，宏观调控使经济软着陆；2001年，跨入世贸组织大门。

2001－2008年：入世中国腾飞

入世5周年盘点，最大的感觉首先是“出人意料”；在中国经济转型的特殊背景下，奥运会正成为中国经济腾飞的强劲引擎。

Xiangguan Lianjie
相关链接

生产关系究竟以什么形式为最好，恐怕要采取这样一种态度，就是哪种形式在哪个地方能够比较容易比较快地恢复和发展农业生产，就采取哪种形式；群众愿意采取哪种形式，就应该采取哪种形式，不合法的使它合法起来……“黄猫、黑猫，只要捉住老鼠就是好猫。”

——摘自1962年邓小平
《怎么恢复农业生产》讲话

综述

“不管黑猫白猫，捉到老鼠就是好猫”。

一句民间谚语能够和一个时代联系起来，除了语言本身的直白和传诵感外，更重要的是它来源于群众的切身实践，能够直指群众的深刻需求。

1978年春，距离北京1000多华里，山东一个偏僻的村落。一户农民被当成“资本主义暴发户”典型批斗，原因是村里除了这户农民外，其余各家都在外讨饭。

这是浩劫刚刚过去的时代。僵化而强大的体制及理论体系仍极具统治力，与此相应的是多年积贫后濒临崩溃的社会经济。穷则思变的冲动与僵而不死的思想体系已势如水火。

什么能做、什么不能；什么是社会主义、什么不是，没有现成的答案。

邓小平认为，搞理论争论，就会贻误时机，错过发展机遇。空洞的争论无济于事，真理只有在实践中才能得到检验，应该大胆地实践，大胆地试，先不要下结论，干了再说。“不管黑猫白猫，捉到老鼠就是好猫”。

“猫论”改变了过去凡事都要先以意识形态考量、凡事都要先从政治着眼、凡事都要先问问教条的思维习惯。十一届三中全会后，“猫论”成为中国将社会工作重心转移到经济发展上的一个理论标志。

由此，个体正当的利益驱动得到了表演的机会，从而极大激发了整体的潜能。1980年末的统计显示了这一点：坚守在人民公社阵营里边的产量不增不减，包产到组的地方增产10%到20%；包产到户的地方增产30%到50%.

“猫论”贯穿于改革开放的各个阶段，在很多场合都可以看到它的影子：乡镇企业、特区、私营经济、证券、股票……与此同时，由“猫论”开启的思维之门已经洞开，个体、群体的创造趋于活跃，市场变得丰富起来。

故事

西单东南的一处普通四合院，是四川饭店的旧址。当年邓小平最喜欢到四川饭店的宋厅，厅内挂有一幅黑猫白猫图。据称，邓小平曾在此谈到过姓“资”姓“社”问题。

邓小平家中也挂有一幅《双猫图》。一只猫毛色雪白、茸毛轻柔，另一只猫毛色乌黑、黑里透亮。画的上方，是几行遒劲苍老的题词：“不管白猫黑猫，会捉老鼠就是好猫。”画者是被誉为“江南猫王”的著名画家陈莲涛。

1984年，邓小平在上海时，得知“江南猫王”仍健在，便托人捎信向陈莲涛致意。陈精心构思，画了一幅《双猫图》，托人敬献给邓小平。

猫有灵性，目光敏锐，活力充足，外柔内刚，这一点跟邓小平很相像。

坊间流传一种说法，猫有九命，所以邓小平三落三起，每次下落后，都反弹得更高。

回眸

1992年春天，88岁的邓小平南巡武昌、深圳和珠海。

也就在那一年，“不管黑猫白猫，捉到老鼠就是好猫”成为坊间最流行的话语。2001年，APEC首脑峰会上，这句话成为马来西亚总理马哈蒂尔的开场白，寓意亚洲现在最需要的是发展。

“猫论”溯源，要回溯至20世纪60年代。

1962年，一些农村地区为了应对饥荒和自然灾害，自发产生了包产到户、责任田等各种各样的生产形式。

这些变化，在党内引起较大争论。

7月2日，中共中央书记处开会讨论“包产到户”问题。邓小平认为，哪种生产形式能够比较容易、比较快地恢复和发展农业生产，就采取哪种形式。他引用刘伯承经常说起的四川谚语：“不管黄猫黑猫，只要捉住老鼠就是好猫。”陈云等对此表示赞同。这只是一次内部会议的讲话，“猫论”并没有传播。

1962年7月7日，邓小平接见出席共青团三届七中全会全体同志时，再次借用这句谚语来表述他对恢复农业生产和包产到户的看法。该讲话后收入《邓小平文选》。

这是“猫论”第一次公之于众。后来讹传为：“不管黑猫白猫，捉到老鼠就是好猫”。

“黄猫黑猫，只要捉住老鼠就是好猫。”本是四川农村的一句俗语。天府之国，田多粮多，鼠多猫亦多。农人养猫，为的是灭鼠护粮。所以，黄猫也罢，黑猫也罢，只要能捉住老鼠，就是好猫。“猫论”就是在这种共识的基础上应运而生并逐渐流传起来的。

邓小平的同乡和战友刘伯承，每逢大战在即，经常脱口而出的就是这句话。

邓小平1962年的这两次讲话，不久即因毛泽东批评“搞单干风”收回。

“文化大革命”期间，“黄猫黑猫”这个比喻更被指责为“唯生产力论”，遭到批判。

“猫论”挨批，反而推动了它的传播。

1976年前后，毛泽东点名批评邓小平。毛泽东说：“他这个人是不抓阶级斗争的，历来不提这个纲。还是‘白猫、黑猫’啊，不管是帝国主义还是马克思主义。”“黑猫白猫论”就此成名。

十一届三中全会后，“猫论”成为了中国将社会工作重心转移到经济发展上的一个理论标志。

20世纪80年代初，薄一波曾问邓小平，对“黑猫白猫”这个说法现在怎么看？邓小平回答：“第一，我现在不收回；第二，我是针对当时的情况说的。”

1985年，邓小平再度当选美国《时代》周刊年度风云人物，“不管黑猫白猫，捉到老鼠就是好猫”被摘登在《时代》周刊上。“猫论”的影响扩大到世界。

改革开放30年最具有影响力的30件大事

30年，改革开放站到了而立的节点上。30年，人生可称而立，国家可见枯荣。过去的30年，激荡而伟大。回望来路，中国以濒临崩溃之身，怀着“摸着石头过河”的心情，成就了一场伟大的革命。从贫瘠到富裕，从禁锢到自由，从崩溃到奇迹重生。从真理标准大讨论到国企改革，从邓小平南巡到WTO，每段重大事件，我们都希望完整回溯细节，以此铭记。在这样一个时刻，由《中国经济周刊》发起主办，“人民日报”海外版、人民网特别协办，联合全国40多家一流经济学术机构和知名媒体的专家共同推出“改革开放30年最具影响力的30件大事”。

1. 1978年 十一届三中全会召开

1978年12月18日至22日，党的十一届三中全会在北京举行。这次全会彻底否定“两个凡是”的方针，重新确立解放思想、实事求是的指导思想，实现了思想路线的拨乱反正；停止使用“以阶级斗争为纲”的口号，作出工作重点转移的决策，实现了政治路线的拨乱反正；形成以邓小平为核心的党中央领导集体，取得了组织路线拨乱反正的最重要成果；恢复党的民主集中制的优良传统，提出使民主制度化、法律化的重要任务；审查和解决历史上遗留的一批重大问题和一些重要领导人的功过是非问题，开始了系统清理重大历史是非的拨乱反正。会议还提出要正确对待毛泽东的历史地位和毛泽东思想的科学体系。全会作出的实行改革开放的新决策，开始了中国从“以阶级斗争为纲”到以经济建设为中心、从僵化半僵化到全面改革、从封闭半封闭到对外开放的历史性转变。

2. 1979年 设立经济特区

1979年7月15日，中共中央、国务院批转广东省委、福建省委关于对外经济活动实行特殊政策和灵活措施的报告，决定在深圳、珠海、汕头和厦门试办特区。8月13日，国务院颁发《关于大力发展对外贸易增加外汇收入若干问题的规定》，主要内容是扩大地方和企业的外贸权限，鼓励增加出口，办好出口特区。1980年5月16日，中共中央、国务院批转《广东、福建两省会议纪要》，正式将“特区”定名为“经济特区”。改革开放之初，在缺少对外经济交往经验、国内法律体系不健全的形势下，设立经济特区为国内的进一步改革和开放、扩大对外经济交流起到了极为重要的作用。

3. 1982年 家庭联产承包责任制确立

1982年1月1日，中共中央批转《全国农村工作会议纪要》，指出目前农村实行的各种责任制，包括小段包工定额计酬，专业承包联产计酬，联产到劳，包产到户、到组，包干到户、到组，等等，都是社会主义集体经济的生产责任制；1983年中央下发文件，指出联产承包制是在党的领导下我国农民的伟大创造，是马克思主义农业合作化理论在我国实践中的新发展；1991年11月25—29日举行的中共十三届八中全会通过了《中共中央关于进一步加强农业和农村工作的决定》。《决定》提出把以家庭联产承包为主的责任制、统分结合的双层经营体制作为我国乡村集体经济组织的一项基本制度长期稳定下来，并不断充实完善。家庭联产承包责任制作为农村经济体制改革第一步，突破了“一大二公”、“大锅饭”的旧体制。而且，随着承包制的推行，个人付出与收入挂勾，使农民生产的积极性大增，解放了农村生产力。

4. 1984年 有计划的商品经济提出

1984年10月20日，中国共产党十二届三中全会在北京举行。会议一致通过《中共中央关于经济体制改革的决定》，明确提出：进一步贯彻执行对内搞活经济、对外实行开放的方针，加快以城市为重点的整个经济体制改革的步伐，是当前我国形势发展的迫切需要。改革的基本任务是建立起具有中国特色的、充满生机和活力的社会主义经济体制，促进社会生产力的发展。《决定》认为：改革计划体制，首先要突破把计划经济同商品经济对立起来的传统观念，明确认识社会主义计划经济必须自觉依据和运用价值规律，是在公有制基础上的有计划的商品经济。商品经济的充分发展，是社会经济发展不可逾越的阶段，是实现我国经济现代化的必要条件。《决定》明确了改革的基本目标和各项要求，为打破计划经济体制创造了条件。

5. 1986年 全民所有制企业改革启动

1986年12月5日，国务院作出《关于深化企业改革增强企业活力的若干规定》。《规定》提出全民所有制小型企业可积极试行租赁、承包经营。全民所有制大中型企业要实行多种形式的经营责任制。各地可以选择少数有条件的全民所有制大中型企业进行股份制试点。《规定》的出台是推动城市经济体制改革的重大步骤，对于进一步简政放权，改善企业外部条件，扩大企业经营自主权，促进企业内部机制改革，具有重要意义。

6. 1987年 “一个中心、两个基本点”基本路线提出

1987年10月25—11月1日，中国共产党第十三次全国代表大会举行。赵紫阳作《沿着有中国特色的社会主义道路前进》的报告。报告阐述了社会主义初级阶段理论，提出了党在社会主义初级阶段“一个中心、两个基本点”的基本路线，制定了到21世纪中叶分三步走、实现现代化的发展战略，并提出了政治体制改革的任务。十三大是党的十一届三中全会以来路线的继续、丰富和发展，实现了马克思主义中国化的新飞跃，开辟了具有中国特色的社会主义建设之路。

7. 1988年 “科学技术是第一生产力”提出

1988年9月5日邓小平在会见捷克斯洛伐克总统胡萨克时，提出了“科学技术是第一生产力”的著名论断。1985年3月13日，中共中央作出《关于科学技术体制改革的决定》。《决定》指出，现代科学技术是新的社会生产力中最活跃和决定性的因素，全党必须高度重视并充分发挥科学技术的巨大作用。同时规定了当前科学技术体制改革的主要任务。《决定》从宏观上制定了科学技术必须为振兴经济服务、促进科技成果的商品化、开拓技术市场等方针和政策，促进了科技成果向现实生产力的转化以及高新技术产业化的发展，揭开了文革后国家全面科技体制改革的序幕。作为经济体制改革的一个重要部分和最先实施内容，这一改革政策的颁布极大地促进了我国经济和科技的结合以及由此而生的中国多领域跨越式进步。

8. 1992年 社会主义市场经济体制改革目标确立

1992年10月12—18日，中国共产党第十四次全国代表大会在北京举行。江泽民

作《加快改革开放和现代化建设步伐，夺取有中国特色社会主义事业的更大胜利》的报告。报告总结了十一届三中全会以来14年的实践经验，决定抓住机遇，加快发展；确定我国经济体制改革的目标是建立社会主义市场经济体制；提出用邓小平同志建设有中国特色社会主义理论武装全党。大会通过《中国共产党章程(修正案)》，将建设有中国特色社会主义的理论和党的基本路线写进党章。党的历史上第一次明确提出了建立社会主义市场经济体制的目标模式。把社会主义基本制度和市场经济结合起来，建立社会主义市场经济体制，这是我们党的一个伟大创举，是十多年来党进行理论探索得出的最重要的结论之一，也是社会主义认识史上一次历史性的飞跃。

9. 1993年 建立现代企业制度

1993年11月11日—14日，中共十四届三中全会举行。全会通过了《中共中央关于建立社会主义市场经济体制若干问题的决定》。全会指出，社会主义市场经济体制是同社会主义基本制度结合在一起的。建立社会主义市场经济体制，就是要使市场在国家宏观调控下对资源配置起基础性作用。要进一步转换国有企业经营机制，建立适应市场经济要求，产权清晰、权责明确、政企分开、管理科学的现代企业制度。

10. 1993年 进行分税制改革

1993年12月15日，国务院作出关于实行分税制财政管理体制的决定。我国于1994年进行了分税制财政体制改革，从1995年开始又对政府间财政转移支付制度进行了改革，逐步建立了较为规范的政府间财政转移支付体系，加之2002年的所得税收入分享改革，我国基本上建立起了适应社会主义市场经济要求的财政体制框架。这是我国建国以来政府间财政关系方面涉及范围最广、调整力度最强、影响最为深远的重大制度创新。

11. 1993年 提出金融体制改革目标

1993年12月25日，国务院作出《关于金融体制改革的决定》。金融体制改革的目标是：建立在国务院领导下，独立执行货币政策的中央银行宏观调控体系；

建立政策性金融与商业性金融分离，以国有商业银行为主体、多种金融机构并存的金融组织体系；建立统一开放、有序竞争、严格管理的金融市场体系。通过金融体制改革，确立中国人民银行作为独立执行货币政策的中央银行的宏观调控体系；实行政策性银行与商业银行分离的金融组织体系；从1994年起实行汇率并轨。1995年八届全国人大三次会议通过《中国人民银行法》。从1996年12月1日起，我国实现了人民币在经常项目下的可兑换。

12. 1994年 外贸体制综合配套改革

1994年1月11日，国务院作出《关于进一步深化对外贸易体制改革的决定》，提出我国对外贸易体制改革的目标是：统一政策、开放经营、平等竞争、自负盈亏、工贸结合、推行代理制，建立适应国际经济通行规则的运行机制。1996年4月1日，我国对4000多种商品进口关税进行大幅度削减，关税总水平降至23%。

13. 1992年、1994年 医疗、住房市场化改革施行

1985年，在中国改革开放的大背景之下，医疗卫生系统也开启了改革的历程。医改的核心思路是：放权让利，扩大医院自主权。医改的政府态度是：给政策不给钱。其政策为药品可加价15%，以弥补政府投入之不足。上世纪90年代，医改再掀波澜。1992年9月，卫生部根据国务院意见，提出医院要“以工助医”、“以副补主”。 2000年，改革逐渐向纵深发展，触及体制性、机制性、结构性等深层次问题。2000年3月，国务院办公厅转发八部委的《关于城镇医药卫生体制改革的指导意见》，俗称医改“十四条”；2001年5月，国务院办公厅转发四部委的《关于农村医药卫生体制改革的指导意见》。在这一过程中，医改的矛盾与困惑日益增多，随着政府卫生投入占卫生总费用的比重不断下降，到2002年已经下降到15.2%，而这些卫生费用主要来自地方财政，于是产权改革、“国退民进”的呼声日益高涨；2004年底全国有近百亿元民营和外资介入中国的近百家医院的改制工作；到2005年，中国医疗产业的总市场价值达到6400亿元。

1994年7月18日，国务院作出《关于深化城镇住房制度改革的决定》，明确城镇住房制度改革的基本内容，其中包括把住房实物福利分配的方式改变为以按劳分配

为主的货币工资分配方式，建立住房公积金制度等。《决定》的出台，开启了城镇住房商品化的大门，标志着我国全面推进住房市场化改革的确立，其最大意义在于稳步推进公有住房的出售，通过向城镇职工出售原公有住房，逐步完成了我国住房私有化的进程。

1998年7月3日，国务院下发了《国务院关于进一步深化城镇住房制度改革加快住房建设的通知》。正是由于此文件废除了住房实物分配的制度，为商品房的发展扫清了“竞争对手”，从而确立了商品房的市场主体地位。2003年8月12日，国务院下发了《国务院关于促进房地产市场持续健康发展的通知》。2007年8月7日，国务院出台了《国务院关于解决城市低收入家庭住房困难的若干意见》，将调控方向由调市场转向调保障，首次明确廉租房取代经济适用房，作为住房保障体系的中心。

14. 1995年 提出“两个根本性转变”目标

1995年9月25—28日，中共十四届五中全会举行。全会通过了《中共中央关于制定国民经济和社会发展“九五”计划和2010年远景目标的建议》。《建议》提出，实现“九五”计划和2010年远景目标的关键是实行两个具有全局意义的根本性转变，一是经济体制从传统的计划经济体制向社会主义市场经济体制转变，二是经济增长方式从粗放型向集约型转变。两个根本性转变，是我们党在深入探索和全面把握我国经济发展规律的基础上提出的重要方针，是关系国民经济全局紧迫而重大的战略任务，标志着我国经济建设将朝着深化体制改革、提高质量的方向发展。

15. 1996年 外汇管理体制改革取得重大进展

1996年12月1日，中国开始接受国际货币基金组织协定第八条款，实行人民币经常项目下的可兑换。提前达到国际货币基金组织协定第八条款的要求，标志着中国外汇管理体制改革取得重大进展。

16. 1997年 “十五大”提出党在社会主义初级阶段的基本纲领

1997年9月12-18日，中国共产党第十五次全国代表大会在北京举行，系统、完整地提出并论述了党在社会主义初级阶段的基本纲领：建设有中国特色社会主义的经济，就是在社会主义条件下发展市场经济，不断解放和发展生产力；建设有中国特色社会主义的政治，就是在中国共产党领导下，在人民当家做主的基础上，依法治国，发展社会主义民主政治；建设有中国特色社会主义的文化，就是以马克思主义为指导，以培育有理想、有道德、有文化、有纪律的公民为目标，发展面向现代化、面向世界、面向未来的，民族的科学的大众的社会主义文化。这个纲领，是邓小平理论的重要内容，是党的基本路线在经济、政治、文化等方面的展开，对于动员全党和全国各族人民团结奋斗，把建设有中国特色社会主义事业全面推向21世纪具有重大意义。

17. 1999年 明确非公有制经济是社会主义市场经济的重要组成部分

1999年3月5—15日，九届全国人大二次会议在北京举行。会议通过了中华人民共和国宪法修正案，明确非公有制经济是我国社会主义市场经济的重要组成部分，大大促进了社会生产力的发展。改革开放30年来，国家对非公有制经济的认识及相关政策的制定经历了一个从探索到完善的过程。1982年，五届全国人大五次会议通过了经过全面修改的宪法，确认了个体经济的合法地位，提出是社会主义公有制经济的补充。1988年，七届全国人大一次会议通过的宪法修正案，增加了国家允许私营经济在法律规定的范围内存在和发展的内容。党的十四大决定实行“社会主义市场经济”后，1993年，八届全国人大一次会议通过宪法修正案，明确了非公有制经济的地位和作用。1997年，党的十五大将非公有制经济纳入到社会主义初级阶段的基本经济制度框架内，非公有制经济在国民经济中的地位得到了前所未有的重视和肯定。

18. 1999年 提出西部大开发战略

1999年3月22日，《国务院关于进一步推进西部大开发的若干意见》提出了进一步推进西部大开发的十条意见。西部大开发战略的提出和实施，有利于培育全国统一市场，完善社会主义市场经济体制；有利于推动经济结构的战略性调整，促进地区经济协调发展；有利于扩大国内需求，为国民经济增长提供广阔的发展空间和持久的推动力量；有利于改善全国的生态状况，为中华民族的生存和发展创造更好的环境；有利于进一步扩大对外开放，用好国内外两个市场、两种资源，具有重大的经济、社会和政治意义。

19. 2001年 中国正式成为世贸组织成员

2001年11月10日，在卡塔尔多哈举行的世界贸易组织(WTO)第四届部长级会议通过了中国加入世贸组织法律文件，它标志着经过15年的艰苦努力，我国终于成为世贸组织新成员。世贸组织成员在乌拉圭回合作出的所有承诺都是中方的权利，中国将享受多边贸易体系多年来促进贸易自由化的成果，享受多边的、稳定的、无条件的最惠国待遇，中国享受的权利有助于中国商品进入国际市场。但入世也给中国政府和企业带来挑战，对政府加快转换职能，依法行政，企业提高技术水平，加快结构调整，提高企业管理水平提出了新要求。

20. 2002年 “十六大”确定全面建设小康社会的奋斗目标

党的十六大立足于我国已经解决温饱、人民生活总体达到小康水平的基础，进一步提出了全面建设小康社会的构想，即在本世纪头20年，集中力量，全面建设惠及十几亿人口的更高水平的小康社会，使经济更加发展、民主更加健全、科教更加进步、文化更加繁荣、社会更加和谐、人民生活更加殷实。经过这一阶段的建设，再继续奋斗几十年，到本世纪中叶基本实现现代化，把我国建设成为富强、民主、文明的社会主义现代化国家。全面建设小康社会的阶段，是实现现代化建设第三步战略目标必经的承上启下的发展阶段，提出这一奋斗目标完全符合我国国情和现代化建设的实际。为这一目标而奋斗也就是为实现共产主义远大理想准备物质和精神条件。

21. 2003年 振兴东北地区等老工业基地战略提出

2003年9月10日，国务院常务会议研究实施东北地区等老工业基地振兴战略，提出了振兴东北的指导思想、原则、任务和政策措施。2003年9月29日，中共中央总书记胡锦涛在北京主持召开中共中央政治局会议。会议指出，支持东北地区等老工业基地振兴，是十六大从全面建设小康社会全局着眼提出的一项重大战略任务。各地区、各部门都要从新世纪新阶段我国改革开放和社会主义现代化事业长远发展的高度，深刻认识实施东北地区等老工业基地振兴战略的重大意义。要进一步解放思想、深化改革、扩大开放，着力推进体制创新和机制创新，促进经济结构战略性调整，加快企业技术改造，走出一条老工业基地调整改造和振兴的新路子。

22. 2004年 推进资本市场发展的“国九条”颁布

2004年1月31日，《国务院关于推进资本市场改革开放和稳定发展的若干意见》颁布，明确指出大力发展资本市场对我国实现本世纪头20年国民经济翻两番的战略目标具有重要意义。

23. 2004年 国有商业银行进行股份制改革

中国银行股份有限公司和中国建设银行股份有限公司分别于2004年8月26日和9月21日成立。两家国有独资商业银行整体改制为国家控股的股份制商业银行。

24. 2004年 保护私有财产入宪

2004年3月14日，十届全国人大二次会议审议通过了第四次宪法修正案，“公民的合法的私有财产不受侵犯”、“国家尊重和保护人权”等内容写入宪法。它适应了保护私有财产的客观需要，扩大了私有财产的保护范围，进一步完善了私有财产保护制度。加强对公民的合法的私有财产的保护，有利于坚持和完善基本经济制度，促进非公有制经济发展；有利于保障公民权利的实现，推进依法治国；有利于调动广大人民群众的积极性和创造性，全面建设小康社会。

25. 2005年 农业税条例废止

2005年12月29日第十届全国人大常委会第十九次会议通过《关于废止中华人民共和国农业税条例的决定》，新中国实施了近50年的农业税条例被依法废止，一个在我国延续两千多年的税种宣告终结。自2004年开始，国务院就实行了减征或免征农业税的惠农政策。2005年岁末，国家最高权力机关依法废止农业税条例，使免除农业税的惠农政策以法律形式固定下来，九亿中国农民彻底告别了缴纳农业税的历史。废止农业税条例，使解决“三农”问题步入了一个新的历史起点。

26. 2005年 提出建设社会主义新农村的重大历史任务

2005年10月11日，党的十六届五中全会通过《中共中央关于制定国民经济和社会发展第十一个五年规划的建议》，明确了今后5年我国经济社会发展的奋斗目标和行动纲领，提出了建设社会主义新农村的重大历史任务，为做好当前和今后一个时期的“三农”工作指明了方向。这是党中央统揽全局、着眼长远、与时俱进作出的重大决策，是一项不但惠及亿万农民，而且关系国家长治久安的战略举措，是我们在当前社会主义现代化建设的关键时期必须担负和完成的一项重要使命。

27. 2005年 股权分置改革试点启动

经过国务院批准，中国证监会2005年4月29日发布了《关于上市公司股权分置改革试点有关问题的通知》，宣布启动股权分置改革试点工作。股权分置改革启动一年后，中国资本市场在股权分置改革、提高上市公司质量、证券公司综合治理、发展壮大机构投资者以及健全和完善市场法制等五个方面取得了重大进展或阶段性成果。股权分置改革后，发行管理制度可以更加突出对股票发行的市场价格约束和投资者约束。

28. 2006年 作出构建社会主义和谐社会重大决定

2006年10月8－11日举行的党的十六届六中全会通过了《中共中央关于构建社会主义和谐社会若干重大问题的决定》。在我们党的历史上第一次把“提高构建社会主义和谐社会的能力”作为党执政能力的一个重要方面明确提出。这一重要论断的提出，是对马克思主义理论的重要丰富和发展，是我们党对什么是社会主义、怎样建设社会主义的又一次理论升华。

29. 2007年《物权法》出台

《中华人民共和国物权法》于2007年3月16日由十届全国人大第五次会议通过，自2007年10月1日起施行。《物权法》分5编19章247条，内容非常丰富。它是我国社会主义法律体系中的一部基本法律，关系着坚持和完善国家基本经济制度、完善社会主义市场经济体制、实现和维护最广大人民的根本利益。物权法的制定和实施，具有重大的现实意义和深远的历史意义。

30. 2007年 科学发展观写入党章

科学发展观，是对党的三代中央领导集体关于发展的重要思想的继承和发展，是马克思主义关于发展的世界观和方法论的集中体现，是同马克思列宁主义、毛泽东思想、邓小平理论和“三个代表”重要思想既一脉相承又与时俱进的科学理论，是我国经济社会发展的重要指导方针，是发展中国特色社会主义必须坚持和贯彻的重大战略思想。将科学发展观写入党章，这是党的十七大对科学发展观作出的科学定位，也是党的十七大的一个重要历史贡献。

●○ 1997年6月30日至7月1日凌晨，中英香港政权交接仪式在香港会展中心举行。

小贴士
Xiao Tieshi

"摸着石头过河"

"摸着石头过河"，是不断实践、不断总结经验的一种形象性的说法，是在改革开放的年代，党的第二代中央领导集体总结出来的3条经验——"猫论"、"摸论"、"不争论"中的其中一条。

1980年12月在中央工作会议上，陈云发表重要讲话指出，"我们要改革，但是步子要稳……随时总结经验，也就是要'摸着石头过河'……"(《陈云文选》第3卷第279页)。

邓小平对陈云提出的"摸着石头过河"方法完全赞同。在邓小平看来，中国特色社会主义建设是一项前无古人的事业，既不可能在马列主义本本上找到现成答案，也没有任何现成的实践经验可以照搬照抄，所以只能"摸着石头过河"。邓小平指出："我们现在做的事都是一个试验，对我们来说，都是新事物，所以要摸索前进"(《邓小平文选》第3卷第174页)。

"摸着石头过河"，对于大胆解放思想、积极稳妥地推进改革起到了十分巨大的指导作用，后来成了中国家喻户晓的一句经典话语。

Xiangguan Lianjie 相关链接

作为向改革开放30年的献礼，"中国改革开放30年论坛暨评选活动"评选出"中国改革开放30年30个标志性事件"。

1. 关于实践是检验真理的唯一标准问题的大讨论
2. 十一届三中全会召开：改革开放的伟大宣言
3. 设立经济特区：拉开对外开放的序幕
4. 小岗村农民大包干：土地产权改革启动
5. 邓小平南巡讲话：掀起改革开放新高潮
6. 中国加入WTO
7. "一国两制"构想的提出
8. 中国政府对香港恢复行使主权
9. 家庭联产承包责任制正式出台
10. 撤销人民公社，结束"政社合一"
11. 废除干部终身制，确立老干部离休制度

12. 邓小平提出党和国家领导制度的改革

13. 《物权法》出台，产权保护的新突破

14. 私有财产保护入宪

15. 中国首次实现互联网连接

16. 上海证券交易所成立

17. 中共十三大召开，提出社会主义初级阶段理论

18. 恢复“学位”制，规范人才选拔制度

19. 社会主义市场经济体制改革目标确立

20. 汶川大地震凝聚中国心

21. 私营经济取得合法地位

22. 中共十二大召开，邓小平提出建设有中国特色的社会主义

23. 中共十二届三中全会提出有计划的商品经济

24. 农业税条例废止：告别千年纳“皇粮”

25. 乡镇企业异军突起

26. 给“私人经济”正名：个体户也是劳动者

27. 中国颁布《外资法》：重新打开国门

28. 公审“四人帮”，彻底结束“文革”

29. 科学发展观写入党章

30. 开发浦东：改革开放新阶段

1978－2008：30年30个注释

2008年，我们迎来中国改革开放30年这一重要历史时刻。从历史内涵来说，这30年，是真理标准问题讨论的30年，是十一届三中全会召开的30年；这30年，是解放思想的30年，是改革开放的30年；这30年，是解放生产力和发展生产力的30年，是建设中国特色社会主义的30年。《瞭望》新闻周刊在2008年末推出“1978－2008：30年30个注释”，全面诠释改革开放波澜壮阔的30年。

注释一：拨乱反正

“文化大革命”后期，由江青、张春桥、姚文元、王洪文结成的“四人帮”加紧夺取党和国家最高权力的阴谋活动。1976年10月，华国锋和叶剑英等同志代表中

央政治局，采取断然措施一举粉碎“四人帮”，结束了持续十年之久的“文化大革命”，党和国家的事业从此翻开了新的一页。

拨乱反正是党的十一届三中全会前后，我们党纠正“文化大革命”的混乱和错误，正本清源，使党和国家的工作走上正轨的一项工作。拨乱反正包括思想路线、政治路线和组织路线三方面。思想上，坚决冲破长期存在的教条主义和个人崇拜的严重束缚，重新确立了马克思主义的实事求是的思想路线；政治上，坚决抛弃了“以阶级斗争为纲”的“左”的错误方针，把党和国家的工作重心转移到经济建设上来，作出实行改革开放的伟大抉择；组织上，按照实事求是、有错必改的方针，平反冤假错案，落实干部政策，同时按照“四化”方针，实行新老交替，加强干部队伍建设。拨乱反正工作的全面展开对于调动一切积极因素，动员全党全国人民同心同德进行社会主义现代化建设，起到了巨大作用。通过拨乱反正，党和国家各项事业走上正轨、顺利发展，出现了安定团结、生动活泼的政治局面。

1981年6月，党的十一届六中全会通过了《关于建国以来党的若干历史问题的决议》。《决议》对建国32年来的历史经验和教训作了科学的总结，对建国以来的一系列重大历史问题做出正确的结论，并彻底否定了“文化大革命”。《决议》实事求是地评价了毛泽东同志的历史地位，恢复了毛泽东思想的本来面目。《决议》的通过，标志着党在指导思想上拨乱反正的胜利完成。

注释二：真理标准问题大讨论和解放思想

“文革”结束后的拨乱反正工作刚一开始，就受到了“两个凡是”方针的严重阻碍。邓小平及一些老同志提出，要准确地完整地理解毛泽东思想，恢复和发扬党的实事求是的优良作风。1978年5月10日，经胡耀邦同志审定的《实践是检验真理的唯一标准》一文在中央党校内部刊物《理论动态》发表，第二天又在《光明日报》上以特约评论员名义公开发表，新华社向全国转发。一场关于真理标准问题的大讨论由此在全国范围内逐步展开，它冲破了“两个凡是”和个人崇拜的严重束缚，成为改革开放的思想先导，对重新确立党的思想路线，对重大

实践是检验真理的唯一标准

●○ 上图：1979年《实践是检验真理的唯一标准》的初稿作者胡福明在南京大学哲学系讲课。

●○下图：刊有《实践是检验真理的唯一标准》文章的《光明日报》和修改过的清样。

历史关头实现伟大转折，对推进我国社会主义现代化建设，都产生了深远的影响。

解放思想是改革开放的思想先导，是中国特色社会主义事业发展的鲜明特征。坚持解放思想，就要立足于社会主义初级阶段基本国情，一切从实际出发。解放思想和实事求是是辩证统一的。改革开放的伟大事业，是以邓小平同志为核心的党的第二代中央领导集体坚持解放思想、实事求是，以巨大的政治勇气和理论勇气开创的，是以江泽民同志为核心的党的第三代中央领导集体坚持解放思想、实事求是、与时俱进，继承、发展并成功推向21世纪的。党的十六大以来，以胡锦涛同志为总书记的党中央坚持解放思想、实事求是、与时俱进，发扬求真务实、开拓进取精神，把改革开放伟大事业继续推向前进。胡锦涛同志强调，解放思想是发展中国特色社会主义的一大法宝，是我们适应新形势、应对新挑战、认识新事物、完成新任务的根本思想武器。

注释三：党的十一届三中全会

1978年12月18日至22日，党中央召开了十一届三中全会，重新确立了马克思主义的思想路线、政治路线和组织路线，作出了把党和国家的工作重点转移到社会主义现代化建设上来和实行改革开放的战略决策，形成了以邓小平同志为核心的中央领导集体，实现了党和国家历史上具有深远意义的伟大转折。会前召开的中央工作会议上，邓小平同志发表了《解放思想，实事求是，团结一致向前看》的讲话，实际上成为十一届三中全会的主题报告，是开辟新时期新道路的宣言书。

以这次全会为标志，中国进入了改革开放的历史新时期。中国特色社会主义的新道路，是以这次全会为起点开辟的。当代中国的马克思主义——中国特色社会主义理论体系，是在这次全会前后开始逐步形成和发展起来的。

把党的工作重心从以阶级斗争为纲转移到以经济建设为中心的轨道上来，是十一届三中全会作出的战略决策，这是党在政治路线上最根本的拨乱反正。它不仅坚持了马克思主义基本原理，而且抓住了我国现阶段的主要矛盾，符合历史进步和我国经济社会发展的客观要求、符合人民群众的根本利益。

同时，十一届三中全会作出了实行改革开放的历史性抉择。改革开放是党在新的历史条件下带领人民进行的新的伟大革命，它极大地调动了亿万人民的积极性，使我国成功实现了从高度集中的计划经济体制到充满活力的社会主义市场经济体制、从封闭半封闭到全方位开放的伟大历史转折。事实雄辩地证明，改革开放是决定当代中国命运的关键抉择，是发展中国特色社会主义、实现中华民族伟大复兴的必由之路；只有社会主义才能救中国，只有改革开放才能发展中国、发展社会主义、发展马克思主义。党的十七大强调，深入贯彻落实科学发展观，要求我们继续深化改革开放。

注释四：家庭联产承包责任制

家庭联产承包责任制是我国农民的伟大创造，是我国农村的基本经营制度。“文革”结束后，我国农村出现了农民自发形成的以家庭承包为主要形式的包产到户。改革开放以来，家庭联产承包责任制不断完善，最终形成农民家庭承包经营制度。以农民家庭承包经营为基础、统分结合的双层经营体制，其核心是土地承包经营制度，而农民是农业生产的主体，也是市场经营的主体。党的十七大进一步强调要坚持农村基本经营制度，稳定和完善土地承包关系，按照依法自愿有偿原则，健全土地承包经营权流转市场，有条件的地方可以发展多种形式的适度规模经营。实践证明，家庭联产承包责任制的实行，使我国广大农民获得了充分的经营自主权，极大地调动了农民的积极性，解放和发展了农村生产力。

注释五：经济特区

兴办经济特区，是党和国家为推进改革开放和社会主义现代化建设作出的重要决策。实践充分证明，建立经济特区的思想和决策是完全正确的，取得了巨大成功。它不仅使这些地区的经济得到快速发展，建立起开放型经济，而且很好地发挥了技术、管理、知识、对外政策的“窗口”作用，带动了对外开放，促进了社会主义市场经济体制建立的进程，在改革开放和现代化建设中产生了重要的示范、辐射和带动作用。

注释六：坚持四项基本原则

四项基本原则是我们的立国之本，是我们党、我们国家生存发展的政治基石。坚持四项基本原则，就是必须坚持社会主义道路，必须坚持人民民主专政，必须坚持党的领导，必须坚持马列主义、毛泽东思想。四项基本原则的提出，是对十一届三中全会路线的进一步阐述。

注释七：“三步走”发展战略和全面建设小康社会的新要求

“三步走”发展战略是指我国社会主义初级阶段经济社会发展的战略目标和战略步骤。改革开放初期，邓小平同志设计了分“三步走”基本实现现代化的宏伟蓝图，党的十五大对实现第三步战略目标作了进一步规划，提出新的“三步走”发展目标。党的十七大在十六大确立的全面建设小康社会目标的基础上，对我国发展提出新的更高要求。“三步走”战略的实施，推动了我国经济社会的持续快速发展。

在十六大确立的全面建设小康社会目标的基础上，党的十七大对我国发展提出了新的更高要求，具体内容是：增强发展协调性，努力实现经济又好又快发展，在优化结构、提高效益、降低消耗、保护环境的基础上，实现人均国内生产总值到2020年比2000年翻两番；扩大社会主义民主，更好保障人民权益和社会公平正义；

加强文化建设，明显提高全民族文明素质；加快发展社会事业，全面改善人民生活；建设生态文明，基本形成节约能源资源和保护生态环境的产业结构、增长方式、消费模式。

注释八：邓小平南方谈话

1992年初，邓小平同志视察南方并就一系列重大问题发表谈话。这篇谈话深刻总结了党的十一届三中全会以来的基本经验，明确回答了长期困扰和束缚人们思想的许多重大认识问题，是把改革开放和现代化建设推向新阶段的又一个解放思想、实事求是的宣言书。这篇谈话不仅对当时的改革和发展，而且对中国社会主义现代化建设事业，都具有重大而深远的意义。

注释九：中国特色社会主义理论体系

中国特色社会主义理论体系，是我们党在新的历史时期推进马克思主义中国化所取得的理论创新成果，是党领导的改革开放伟大实践的重要理论结晶。中国特色社会主义理论体系，就是包括邓小平理论、“三个代表”重要思想以及科学发展观等重大战略思想在内的科学理论体系。这个理论体系，坚持和发展了马克思列宁主义、毛泽东思想，凝结了几代中国共产党人带领人民不懈探索实践的智慧和心血，是马克思主义中国化的最新成果，是党最可宝贵的政治和精神财富，是全国各族人民团结奋斗的共同思想基础。这个理论体系贯穿解放思想、实事求是、与时俱进的思想路线，始终围绕探索和回答什么是社会主义、怎样建设社会主义，建设什么样的党、怎样建设党，实现什么样的发展、怎样发展这三大问题，用一系列独创性的观点，系统回答了在中国这样一个十几亿人口的发展中大国如何摆脱贫困、加快实现现代化、巩固和发展社会主义的一系列重大问题，深化和丰富了对共产党执政规律、社会主义建设规律、人类社会发展规律的认识。中国特色社会主义理论体系是不断发展的开放的理论体系。

注释十：邓小平理论、“三个代表”重要思想以及科学发展观

邓小平理论是马克思列宁主义基本原理同当代中国实际和时代特征相结合的产物，是毛泽东思想在新的历史条件下的继承和发展，是马克思主义在中国发展

的新阶段，是当代中国的马克思主义，是中国共产党集体智慧的结晶，引导着我国社会主义现代化事业不断前进。邓小平理论以一系列具有开创意义的理论成果开始了马克思主义中国化的第二次飞跃，奠定了中国特色社会主义理论体系的基础。

“三个代表”重要思想是对马克思列宁主义、毛泽东思想、邓小平理论的继承和发展，反映了当代世界和中国的发展变化对党和国家工作的新要求，是加强和改进党的建设、推进我国社会主义自我完善和发展的理论武器，是中国共产党集体智慧的结晶，是党必须长期坚持的指导思想。始终做到“三个代表”，是我们党的立党之本、执政之基、力量之源。

科学发展观，是对党的三代中央领导集体关于发展的重要思想的继承和发展，是马克思主义关于发展的世界观和方法论的集中体现，是同马克思列宁主义、毛泽东思想、邓小平理论和“三个代表”重要思想既一脉相承又与时俱进的科学理论，是我国经济社会发展的重要指导方针，是发展中国特色社会主义必须坚持和贯彻的重大战略思想。

注释十一：中国特色社会主义道路

中国特色社会主义道路，就是在中国共产党的领导下，立足基本国情，以经济建设为中心，坚持四项基本原则，坚持改革开放，解放和发展生产力，巩固和完善社会主义制度，建设社会主义市场经济、社会主义民主政治、社会主义先进文化、社会主义和谐社会，建设富强民主文明和谐的社会主义现代化国家。

中国特色社会主义事业总体布局，就是坚持以经济建设为中心，大力发展社会主义市场经济，大力发展社会主义民主政治，大力发展社会主义先进文化，大力构建社会主义和谐社会，全面推进社会主义经济建设、政治建设、文化建设、社会建设。中国特色社会主义事业总体布局，体现了党的基本路线的要求，是深刻认识中国特色社会主义道路和中国特色社会主义理论体系必须把握的重要内容。

注释十二：社会主义初级阶段及新的阶段性特征

我国处于社会主义初级阶段，这是我们党对当代中国基本国情作出的科学判断，是我们党的理论、路线、方针、政策形成的根本依据和立论基础。党的十七大指出，进入新世纪新阶段，我国发展呈现一系列新的阶段性特征，这些阶段性特征是社会主义初级阶段基本国情在新世纪新阶段的具体体现。

我国社会主义初级阶段基本经济制度是：以公有制为主体、多种所有制经济共同发展。党的十七大进一步提出：坚持和完善公有制为主体、多种所有制经济共同发展的基本经济制度，毫不动摇地巩固和发展公有制经济，毫不动摇地鼓励、支持、引导非公有制经济，坚持平等保护物权，形成各种所有制经济平等竞争、相互促进的新格局。

注释十三：坚持党的基本理论、基本路线、基本纲领和基本经验

基本理论：马列主义、毛泽东思想和中国特色社会主义理论体系。

基本路线：领导和团结全国各族人民，以经济建设为中心，坚持四项基本原则，坚持改革开放，自力更生，艰苦创业，为把我国建设成为富强民主文明和谐的社会主义现代化国家而奋斗。

基本纲领：依据党的基本路线制定的经济建设、政治建设、文化建设、社会建设等方面的基本目标和基本政策，构成了党在社会主义初级阶段的基本纲领。

基本经验：党的十六大形成了党领导人民建设中国特色社会主义必须坚持的基本经验，党的十七大形成了我们这样一个十几亿人口的发展中大国摆脱贫困、加快实现现代化、巩固和发展社会主义的宝贵经验。

改革开放30年经验表明：始终坚持并在实践中不断丰富和发展党的基本理论、基本路线、基本纲领、基本经验，是中国特色社会主义伟大事业不断取得胜利的根本原因。

注释十四：社会主义市场经济体制

在社会主义条件下发展市场经济，是前无古人的伟大创举，是中国共产党人创造性地发展马克思主义作出的历史性贡献。党的十七大，把在完善社会主义市场经济体制方面取得的重大进展，作为促进国民经济又好又快发展、实现未来经济发展目标的重要前提。社会主义市场经济体制是同社会主义基本制度结合在一起的。建立和完善社会主义市场经济体制，就是要发挥市场在资源配置中的基础性作用。坚持和完善社会主义公有制为主体、多种所有制经济共同发展的基本经济制度，坚持国有经济的主导地位，毫不动摇地巩固和发展公有制经济，毫不动摇地鼓励、支持和引导非公有制经济发展，使两者在社会主义现代化进程中相互促进，共同发展。要在经济发展的基础上，更加注重社会公平。坚持和完善国家对经济的宏观调控，实现经济总量平衡和结构优化，促进国民经济充满活力、富有效率、健康运行。

注释十五：促进国民经济又好又快发展

促进国民经济又好又快发展，是贯彻落实科学发展观、实现全面建设小康社会宏伟目标的必然要求，是调动各方面积极性、发挥各类生产要素潜力的有效途径，是紧紧抓住发展机遇、实现综合国力整体跃升的必由之路。又好又快发展是有机统一的整体，两者既相互促进又相互制约。又好又快，要求快以好为前提，同时，快也是好的必要条件。实现又好又快发展，必须加快转变经济发展方式。这是关系国民经济全局紧迫而重大的战略任务，是提高我国经济国际竞争力和抗风险能力的根本举措，是实现全面建设小康社会奋斗目标的重要保证。转变经济增长方式，除了涵盖转变经济增长方式的全部内容外，还对经济发展的理念、目的、战略和途径等提出了新的更高要求。

注释十六：科教兴国战略和建设创新型国家

科教兴国是指全面落实科学技术是第一生产力的思想，坚持教育为本，把科技和教育摆在经济、社会发展的重要位置，增强国家的科技实力及向现实生产力转化的能力，提高全民族的科技文化素质，把经济建设转移到依靠科技进步和提高劳动者素质的轨道上来。

党的十七大强调，要更好实施科教兴国战略。坚持走中国特色自主创新道路，坚持把增强自主创新能力作为调整产业结构和转变发展方式的中心环节，大力推进原始创新、集成创新和引进消化吸收再创新，着力突破制约经济社会发展的关键技术。必须按照自主创新、重点跨越、支撑发展、引领未来的要求，加快建设国家创新体系。加快建立以企业为主体、市场为导向、产学研相结合的技术创新体系。坚持优先发展教育，提高教育现代化水平，加大统筹城乡教育发展力度，深化教育改革，优化教育结构，促进义务教育均衡发展，加快普及高中阶段教育，大力发展职业教育，着力提高高等教育质量，建设全民学习、终身学习的学习型社会。

提高自主创新能力，建设创新型国家，是国家发展战略的核心，是提高综合国力的关键。建设创新型国家，核心是增强各方面的自主创新能力，以此作为发展科学技术的战略基点，走中国特色自主创新道路，推动科学技术的跨越式发展；以此作为调整产业结构、转变增长方式的中心环节，建设资源节约型、环境友好型社会，推动国民经济又好又快发展；以此作为国家战略，贯穿到现代化建设各个方面，激发全民族创新精神，培养高水平创新人才，形成有利于自主创新的体制机制，大力推进理论创新、制度创新、科技创新，不断巩固和发展中国特色社会主义事业。党的十七大提出，要坚持走中国特色自主创新道路，把增强自主创新能力贯彻到现代化建设的各个方面。

注释十七：可持续发展战略和建设生态文明

可持续发展，就是要在经济社会发展过程中，把推进生产发展、实现生活富裕、保持生态良好有机统一起来，既要考虑当前发展的需要，又要考虑未来发展的需要，努力实现社会经济系统和自然生态系统的良性循环。坚持可持续发展，是应对资源环境问题的基本途径，是关系中华民族生存和长远发展的根本大计，是贯彻落实科学发展观的必然要求。

党的十七大明确提出，必须坚持全面协调可持续发展。推动建设资源节约型、环境友好型社会，使经济的发展、生活水平的提高和实现可持续发展有机统一起来。坚持计划生育、保护环境和保护资源的基本国策，正确处理经济建设、人口增长与资源利用、生态环境保护的关系，坚决禁止掠夺自然、破坏自然的做法，坚决摒弃先破坏后治理、边治理边破坏的做法，实行最严厉的环境保护措施，为子孙后代留下充足的发展条件和发展空间。可持续发展战略的制定和实施，对于经济社会的协调发展，实施现代化建设的“三步走”战略目标具有重要意义。

建设生态文明，是党的十七大提出的实现全面建设小康社会奋斗目标的新要求。其主要内容是：基本形成节约能源资源和保护生态环境的产业结构、增长方式、消费模式；循环经济形成较大规模，可再生能源比重显著上升；主要污染物排放得到有效控制，生态环境质量明显改善；生态文明观念在全社会牢固树立。

注释十八：人才强国战略

实施人才强国战略，就是要把人才队伍建设提升到国家战略的高度，牢固树立人才资源是第一资源的观念，建设规模宏大、结构合理、素质较高的人才队伍，充分发挥各类人才的积极性、主动性和创造性，开创人才辈出、人尽其才的新局面，大力提升国家核心竞争力和综合国力；为全面建设小康社会和实现中华民族的伟大复兴提供重要保证。

党的十七大强调，要坚持优先发展教育，实施素质教育，深化教育改革，优化教育结构，促进义务教育均衡发展，加快普及高中阶段教育，大力发展职业教育，提高高等教育质量，推动教育全面协调发展，为全面建设小康社会、加快推进社会主义现代化提供人才支撑。

注释十九：建设社会主义新农村

建设社会主义新农村，是我国现代化进程中的重大历史任务。解决好农业、农村、农民问题，事关全面建设小康社会大局，必须始终作为全党工作的重中之重。建设社会主义新农村，就是要推进现代农业建设，强化社会主义新农村建设的产业支撑；促进农民持续增收，夯实社会主义新农村建设的经济基础；加强农村基础设施建设，改善社会主义新农村建设的物质条件；加快发展农村社会事业，培养推进社会主义新农村建设的新型农民；全面深化农村改革，健全社会主义新农村建设的体制保障；加强农村民主政治建设，完善社会主义新农村建设的乡村治理机制；切实加强领导，动员全党全社会关心、支持和参与社会主义新农村建设。

注释二十：提高对外开放水平

对外开放是新时期我国社会主义现代化建设的一项基本国策。实行对外开放，有力地促进了我国社会生产力的发展，增强了综合国力和国际竞争力，推动了我国建立社会主义市场经济体制的进程。党的十七大提出，要坚持对外开放的基本国策，把“引进来”和“走出去”更好结合起来，扩大开放领域，优化开放结构，提高开放质量，加快转变外贸增长方式，创新利用外资方式，创新对外投资和合作方式，积极开展国际能源资源互利合作，注重防范国际经济风险，完善内外联动、互利共赢、安全高效的开放型经济体系，形成经济全球化条件下参与国际经济合作和竞争的新优势。

加入世界贸易组织，是党中央、国务院为加快改革开放和社会主义现代化建设作出的重大战略决策。加入世贸组织，为我国赢得了更良好的国际环境，有力地扩大了对外开放，促进了经济体制改革和经济结构的战略性调整，有利于增强我国经济发展活力和国际竞争力，总体上符合我国的利益需要。

注释二十一：坚持中国特色社会主义政治发展道路和深化政治体制改革

坚持中国特色社会主义政治发展道路，就要坚持党的领导、人民当家做主、依法治国有机统一，坚持和完善人民代表大会制度、中国共产党领导的多党合作和政治协商制度、民族区域自治制度以及基层群众自治制度，不断推进社会主义政治制度自我完善和发展。这条道路，构成了最适合我国国情、最能够把13亿人民的意志和力量凝聚起来的政治制度安排，集中体现了我国社会主义民主政治的特点和优势。坚持党的领导是人民当家做主和依法治国的根本保证。人民当家做主是社会主义民主政治的本质和核心。依法治国是党领导人民治理国家的基本方略，是社会主义民主政治的基本要求。人民代表大会制度，中国共产党领导的多党合作和政治协商制度，民族区域自治制度和基层群众自治制度，是集中体现我国社会主义民主政治特点和优势的制度安排，必须始终坚持和完善。

这其中，基层群众自治制度是人民依法直接行使民主权利的制度保障，是人民当家做主最有效、最广泛的途径，必须作为发展社会主义民主政治的基础性工程重点推进。我国的基层群众自治制度，是在新中国成立后的民主实践中逐步形成的。实行基层群众自治制度，扩大基层民主，保证人民群众依法管理自己的事情，创造自己的幸福生活，是社会主义民主最广泛的实践，对于培养人民群众的民主意识和政治参与意识具有重要作用。党的十七大要求，进一步完善基层群众自治制度，实现政府行政管理与基层群众自治有效衔接和良性互动，发挥社会组织在扩大群众参与、反映群众诉求方面的积极作用，增强社会自治功能。

政治体制改革是我国全面改革的重要组成部分，是发展中国特色社会主义民主政治的重要途径。政治体制改革事关党和国家工作全局，事关最广大人民的根本利益，既要坚定不移，又要积极稳妥，特别是要坚持正确的政治方向。

党的十七大从我国改革发展新形势和人民群众新期待出发，对深化政治体制改革提出了总体要求，作出了战略部署，强调深化政治体制改革，必须坚持正确政治方向，以保证人民当家做主为根本，以增强党和国家活力、调动人民积极性为目标，扩大社会主义民主，建设社会主义法治国家，发展社会主义政治文明。要坚持党总揽全局、协调各方的领导核心作用，提高党科学执政、民主执政、依法执政水平，保证党领导人民有效治理国家；坚持国家一切权力属于人民，从各个层次、各个领域扩大公民有序政治参与，最广泛地动员和组织人民依法管理国家事务和社会事务、管理经济和文化事业；坚持依法治国基本方略，树立社会主义法治理念，实现国家各项工作法治化，保障公民合法权益；坚持社会主义政治制度的特点和优势，推进社会主义民主政治制度化、规范化、程序化，为党和国家长治久安提供政治和法律制度保障。

党和国家领导制度的改革是政治体制改革的重要方面。改革开放以来党的历次代表大会都对其提出了明确要求和任务。党的十七大对加快行政管理体制改革，建设服务型政府提出了新要求。

注释二十二：建设社会主义法治国家

建设社会主义法治国家，是社会主义民主政治的基本要求，是发展社会主义市场经济的客观需要，是社会文明进步的重要标志，是国家长治久安的重要保障。经过不断努力，中国特色社会主义法律体系现已基本形成，国家经济、政治、文化、社会生活的各个方面基本上已做到有法可依，国家的各项工作逐步走上法制化和规范化轨道。党的十七大进一步要求，全面落实依法治国基本方略，加快建设社会主义法治国家。

注释二十三：构建社会主义和谐社会

社会和谐是中国特色社会主义的本质属性。构建社会主义和谐社会，是贯穿中国特色社会主义事业全过程的长期历史任务，是在发展的基础上正确处理各种社会矛盾的历史过程和社会结果。党的十七大强调，科学发展与社会和谐相互促进、内在统一，是发展中国特色社会主义的基本要求。必须努力在科学发展中实现社会和谐，在社会和谐中促进科学发展。要按照民主法治、公平正义、诚信友爱、充满活力、安定有序、人与自然和谐相处的总要求和共同建设、共同享有的原则，着力解决人民群众最关心、最直接、最现实的利益问题，为发展提供良好的社会环境。

注释二十四：加快推进以改善民生为重点的社会建设

社会建设与人民切身利益紧密相连，与人民幸福安康息息相关。必须在加快经济发展的基础上，加快推进以改善民生为重点的社会建设，促进社会公平正义，着力解决人民最关心、最直接、最现实的利益问题，更好地改善人民生活、促进社会和谐。

党的十七大提出，要加快推进以改善民生为重点的社会建设：第一，教育是民族振兴的基石，教育公平是社会公平的重要基础，要优先发展教育，建设人力资源强国。第二，就业是民生之本，要实施扩大就业的发展战略，促进以创业带动就业。第三，合理的收入分配制度是社会公平的重要体现，要深化收入分配制度改革，增加城乡居民收入。第四，社会保障是社会安定的重要保证，要加快建设覆盖城乡居民的社会保障体系，保障人民基本生活。第五，健康是人全面发展的基础，关系千家万户幸福，要建立基本医疗卫生制度，提高全民健康水平。第六，社会稳定是人民群众的共同心愿，是改革发展的重要前提，要完善社会管理，维护社会安定团结。和谐社会是全社会共同建设、共同享有的。要紧紧依靠人民，调动一切积极因素，努力形成社会和谐人人有责、和谐社会人人共享的生动局面。

改革开放以来，我国对计划经济时期的社会保障制度进行了一系列改革，逐步建立起与社会主义市场经济体制相适应的社会保障体系基本框架。随着改革的推进，我国社会保障制度的覆盖面不断扩大。党的十七大明确提出，要加快建立覆盖城乡居民的社会保障体系，加快完善以社会保险、社会救助、社会福利为基础，以基本养老、基本医疗、最低生活保障制度为重点，以慈善事业、商业保险为补充的社会保障体系。

注释二十五：促进社会公平正义

促进社会公平正义是我们党的一贯主张，是发展中国特色社会主义的重大任务。实现公平正义，就是使社会各方面的利益关系得到妥善协调，人民内部矛盾和其他社会矛盾得到正确处理，社会公平和正义得到切实维护和实现。维护和实现社会公平正义，符合最广大人民的根本利益，是我国社会主义制度的本质要求。要在促进发展的同时，把维护社会公平放到更加突出的位置。

从完善收入分配制度看，我国近30年来在收入分配领域进行了一系列改革，有效地调动了广大劳动者的积极性，促进了我国经济建设的迅速发展。随着经济的不断发展，对完善收入分配制度问题提出了新的要求。党的十七大提出，要坚持和完善按劳分配为主体、多种分配方式并存的分配制度，健全劳动、资本、技术、管理等生产要素按贡献参与分配的制度，初次分配和再分配都要处理好效率和公平的关系，再分配更加注重公平。逐步提高居民收入在国民收入分配中的比重，提高劳动报酬在初次分配中的比重。着力提高低收入者收入，逐步提高扶贫标准和最低工资标准，建立企业职工工资正常增长机制和支付保障机制。创造条件让更多群众拥有财产性收入。保护合法收入，调节过高收入，取缔非法收入，逐步扭转收入分配差距扩大趋势。

注释二十六："一国两制"方针和香港、澳门回归祖国

"和平统一、一国两制"是我们党实现祖国统一大业的基本方针。"一国两制"，就是在一个中国的前提下，国家的主体坚持社会主义制度，香港、澳门和台

湾保持原有资本主义制度长期不变。以这种方式实现祖国统一的构想，从中国实际出发，照顾到各方利益，既体现实现祖国统一、维护国家主权的原则性，又充分考虑台湾、香港和澳门的历史和现实，体现了高度的灵活性。实行“一国两制”，有利于台湾、香港和澳门的长期稳定，有利于祖国统一和民族振兴，有利于世界的和平与发展。在“一国两制”方针指导下，香港、澳门顺利回归祖国，海峡两岸关系也得到改善和发展。香港、澳门回归后的实践证明，“一国两制”不仅是实现祖国统一最现实、最合理的途径，也是香港、澳门回归祖国后保持长期繁荣稳定的重要保障。

香港问题和澳门问题是殖民主义者侵略中国造成的历史遗留问题。党的十一届三中全会以后，我国按照“一国两制”方针，成功实现了香港、澳门的回归。香港和澳门的回归，开创了港澳两地和祖国内地共同发展的新纪元。通过外交谈判并以“一国两制”方式解决香港、澳门问题，是中国人民为世界和平与进步事业作出的新贡献。

注释二十七：走中国特色精兵之路

加强军队和国防建设是我国现代化建设的战略任务，是维护国家安全统一和实现全面建设小康社会战略目标的重要保障。党的十一届三中全会以后，我们党提出了走中国特色精兵之路的战略思想。走中国特色精兵之路，就是要坚持以毛泽东军事思想、邓小平新时期军队建设思想、江泽民国防和军队建设思想为指导，把科学发展观作为国防和军队建设的重要指导方针，坚持党的绝对领导下的人民军队的根本性质和宗旨，着眼于有效履行新世纪新阶段我军为党巩固执政地位提供重要力量保证、为维护国家发展的重要战略机遇期提供坚强安全保障、为维护国家利益提供有力战略支撑、为维护世界和平与促进共同发展发挥重要作用的历史使命，贯彻新时期军事战略方针，推进中国特色军事变革，以建设信息化军队、打赢信息化战争为战略目标，以军事斗争准备为龙头，以提高信息化条件下的威慑和实战能力为根本出发点和落脚点，全面加强、协调推进军队革命化现代化正规化建设，全面落实政治合格、军事过硬、作风优良、纪律严明、保障有力的总要求。

注释二十八：独立自主的和平外交政策

独立自主的和平外交政策是我国对外工作各项方针原则的高度凝练和概括，是指导我国对外工作的根本指针。独立自主，就是在和平共处五项原则的基础上，坚持从我国的实际情况出发，依靠自己的力量，确定自己的态度和政策。独立自主，无论过去、现在和将来，都是我们的立足点。坚持独立自主的和平外交政策，必须始终把国家的主权和安全放在第一位。

注释二十九：党建新的伟大工程

党的建设是党领导中国革命、建设和改革取得胜利的重要法宝。党的十七大要求以改革创新精神全面推进党的建设新的伟大工程，强调必须把党的执政能力建设和先进性建设作为主线，坚持党要管党、从严治党，贯彻为民、务实、清廉的要求，以坚定理想信念为重点加强思想建设，以造就高素质党员、干部队伍为重点加强组织建设，以保持党同人民的血肉联系为重点加强作风建设，以健全民主集中制为重点加强制度建设，以完善惩治和预防腐败体系为重点加强反腐倡廉建设，使党始终成为立党为公、执政为民，求真务实、改革创新，艰苦奋斗、清正廉洁，富有活力、团结和谐的马克思主义执政党。

党的执政能力建设是党执政后的一项根本建设，保持和发展党的先进性是马克思主义政党自身建设的根本任务和永恒课题。加强党的执政能力建设和先进性建设，关系党的建设和中国特色社会主义事业的全局。党的十七大强调，必须坚持以党的执政能力建设和先进性建设为主线，全面推进党的建设新的伟大工程。

注释三十：建立健全惩治和预防腐败体系

坚决惩治和有效预防腐败，关系人心向背和党的生死存亡，是党必须始终抓好的重大政治任务。改革开放以来，我们党始终把反腐倡廉建设放在重要位置，强调坚决反对和防止腐败是关系党和国家生死存亡的严重政治斗争，旗帜必须鲜明，态度必须坚决，工作必须锲而不舍。要标本兼治，综合治理，以治本为主，注重从源头上预防和治理腐败。2005年1月，党中央制定并颁发了《建立健全教育、制度、监督并重的惩治和预防腐败体系实施纲要》，2008年5月，中共中央又印发了《建立健全惩治和预防腐败体系2008——2012年工作规划》。《纲要》的制定和《工作规划》的颁布，对建立健全教育、制度、监督并重的惩治和预防腐败体系具有重大意义。

●○行驶在藏北当雄草原上的进藏列车。

小贴士
Xiao Tieshi

30年财经新名词

国有资本经营预算制度
产业升级
能源审计
煤炭资源有偿使用制度
工业生产率
可再生能源
西电东送
市场经济
强制性能效标识制度
产业结构
加工贸易禁止类商品目录
非公经济36条
产权
产业政策
股份制

Xiangguan Lianjie

相关链接

发展是硬道理

改革开放迈不开步子，不敢闯，说来说去就是怕资本主义的东西多了，走了资本主义道路。要害是姓资还是姓社的问题。判断的标准，应该主要看是否有利于发展社会主义社会的生产力，是否有利于增强社会主义国家的综合国力，是否有利于提高人民的生活水平……证券、股市，这些东西究竟好不好，有没有危险，是不是资本主义独有的东西，社会主义能不能用？允许看，但要坚决地试。看对了，搞一两年对了，放开；错了，纠正，关了就是了。关，也可以快关，也可以慢关，也可以留一点尾巴。怕什么，坚持这种态度就不要紧，就不会犯大错误……对改革开放，一开始就有不同意见，这是正常的。不搞争论，是我的一个发明。不争论，是为了争取时间干。右可以葬送社会主义，“左”也可以葬送社会主义。中国要警惕右，但主要是防止“左”。

以上这段话是邓小平1992年1月18日至2月21日，在武昌、深圳、珠海、上海等地视察时发表的重要讲话。“八九”风波后经济骤冷，邓小平为中国可能错过发展机遇而忧虑，尤其担心意识形态的争论影响经济运行，遂有南巡讲话，有“发展是硬道理”之说。此后经济由冷骤热，有1993年年中的整顿金融秩序和1996年的软着陆，有1997年的亚洲金融危机和从1998年开始连续五六年的积极财政政策。

最活跃的地区

2008
中国年谱
看这30年
Kanzhe 30nian

改革开放30年全国18个典型地区

2007年12月中旬到2008年3月中旬，中央政策研究室、中央财经领导小组办公室组成调研组，就改革开放以来在中国特色社会主义旗帜指引下开拓成功发展之路问题到全国有关地区进行专题调研。

一、调研背景和基本情况

改革开放以来，全国各地坚持以邓小平理论和“三个代表”重要思想为指导，深入贯彻落实科学发展观，从各自的实际出发，创造性地贯彻落实中央的大政方针和决策部署，大胆探索，勇于创新，推动当地经济实力、人民生活、城乡面貌发生了显著变化，在实践基础上开拓出各具特色的发展之路。这些各具特色的发展之路，是中国特色社会主义道路的组成部分，也是对中国特色社会主义道路的生动诠释。在我国改革开放30周年之际，深入分析全国一些地方的成功发展之路，系统总结他们的实践经验，对于深刻认识当代中国的发展规律，坚持和发展中国特色社会主义，把党的十七大确定的目标任务落到实处，不断开创改革开放和社会主义现代化事业新局面，具有十分重要的意义。

在调研对象选择上，调研组既注重具有典型意义、又注意把握地区平衡，主要依据是所选地方从当地实际出发走出了一条成功发展之路，积累了重要发展经验，体现了科学发展要求，而不单纯以地区生产总值多少为依据。经过认真综合比较，调研组最后选择了以下18个地方。东部地区10个：上海市浦东新区、江苏省昆山市、江苏省江阴市、浙江省义乌市、浙江省温州市、福建省泉州市、山东省威海市、山东省寿光市、广东省深圳市、广东省东莞市；中部地区3个：安徽省芜湖市、江西省吉安市、湖南省长沙县；西部地区3个：内蒙古自治区鄂尔多斯市、云南省丽江市、甘肃省定西市；东北地区2个：辽宁省沈阳市铁西区、黑龙江省绥芬河市。这18个地方改革开放以来取得的发展成就都很突出，走出的发展路子也都有鲜明特色。这18个地方中，有率先改革开放、大力发展外向型经济的地区，有发挥后发优势、通过调整优化产业结构快速崛起的地区，有发扬艰苦奋斗精神、通过埋头苦干实现脱贫致富的革命老区、贫困地区，有突出重围、实现经济振兴的老工业基地，等等。

调研工作从2007年12月中旬开始，历时88天。调研期间，共召开座谈会76次，其中党政部门座谈会21次、专家学者座谈会14次、企业家座谈会12次、乡村干部座谈会18次、老干部座谈会4次、综合座谈会7次。参加座谈会人员1595人，其中省部级干部19人、地厅级干部168人、县处级干部490人、基层干部和群众572人、专家学者91人、企业家167人、老干部88人。调研人员走访企业、乡村等基层单位共234家。调研组在深入调研、获得大量第一手材料的基础上，经过多次讨论、修改，形成了调研报告。

二、各具特色的发展之路

调研情况表明，党的十一届三中全会以来，这18个地方坚持解放思想、实事求是、与时俱进，注重把中央的方针政策同本地实际紧密结合起来，紧紧抓住发展机遇，勇于开拓创新，注重完善体制机制，充分利用已有发展条件，努力挖掘发展潜力，不断创造新的发展优势，不仅取得了骄人的发展成就（见附表），而且走出了各具特色的发展之路。

（一）上海市浦东新区，坚持以开放促改革促发展，抓住历史机遇，用国际化思路探索城市发展新模式，高起点规划建设基础设施，高标准发展高新技术产业和现代服务业，打造现代化、国际化、多功能新城区，创建国际区域性经济、金融、贸易、航运中心，成为带动上海和长江三角洲地区现代化建设的重要增长极。

（二）江苏省昆山市，利用东依上海的地缘优势，大力实施外向型发展战略，高起点引进先进技术，以国际化带动工业化，以工业化推动城市化，实现了由单一农业向全面现代化的跨越式发展，综合经济实力跃居全国百强县（市）之首，走出了共同富裕、和谐发展的“昆山之路”。

（三）江苏省江阴市，从发展乡镇企业起步，因具有民族特色的大企业集团迅猛发展和成批上市而被誉为“华夏A股第一县”，以“天下第一村”华西为样板的社会主义新农村建设闻名全国，是“苏南模式”的发源地之一。

（四）浙江省义乌市，充分利用市场先发优势，以创业创新为动力，以小商品流通为载体，推进市场化，带动工业化，催生城市化，演进为国际化，把一个贫穷落后的农业小县造就成“全球最大的日用商品批发市场”和实力雄厚的经济强市，创造出“无中生有、无所不有”的义乌奇观。

（五）浙江省温州市，尊重和发挥人民首创精神，以市场取向改革激活发展动力，以促进就业推动全民创业，以商贸兴盛带动工业繁荣，以产业集聚支撑城镇崛起，以构建营销网络创新经济业态，以差异化经营打造品牌经济，以文化创新推动实践创新，从贫穷落后的海港小城发展成为富裕发达的沿海大市，形成了独特的温州发展模式。

（六）福建省泉州市，着力打好“侨牌”，以“三来一补”起步，带动乡镇企业发展，培育优势特色产业，形成众多知名品牌，大力增强县域经济实力，实现城乡协调发展。

（七）山东省威海市，充分利用区位比较优势和文化传统优势，以对外开放总揽发展全局，大力发展对韩贸易和对外经济技术合作，带动体制创新和特色产业培育，成功将区位优势、环境优势转化为经济强势，实现经济发展和环境保护良性互动、人与自然和谐相处。

（八）山东省寿光市，发挥初始的农业比较优势，由农业起步，创新农业生产方式，以农业培养工业，以工业提升经济，靠农业富民，靠工业强市，实现工农互助、城乡互动、工业和农业共同繁荣、城市和农村协调发展。

（九）广东省深圳市，依托毗邻香港、背靠珠三角及广阔内陆腹地的独特地缘优势，抓住经济特区开放开发的先机，以大规模引进外资带动对外经济合作，以发展高新技术支撑产业结构优化升级，以推进自主创新提升产业竞争力，以不断扩大开放促进体制机制创新，从贫穷落后的小渔村发展成为我国南部综合经济实力、技术创新能力、国际竞争力最强的现代化大都市。

（十）广东省东莞市，大力引进外资，扩大劳动力就业，建立加工贸易基地，培育出口产业集群，形成外向型经济、园区经济、民营经济交相呼应和信息产业、现代服务业互为支撑的发展路子。

（十一）安徽省芜湖市，坚持把自主创新作为核心竞争力的根本，坚持有所为、有所不为，着力培育具有国际竞争力的特色支柱产业，形成了以汽车制造为代表的三大产业集群，探索出中西部地区发挥后发优势的成功道路。

（十二）江西省吉安市，实施以新型工业化为核心的发展战略，兴办工业园区，加速工业崛起，支持和带动农业集约化、产业化，推动城市化，实现工业兴、农业稳、群众富，使贫困的革命老区走上全面小康之路。

（十三）湖南省长沙县，利用毗邻省会和交通便利的条件，吸引外来投资，建设工业园区，发展优势企业和产业集群；坚持以工促农，促进粮食生产和特色农业发展，实现兴工强县、强农富民，成为闻名遐迩的“三湘第一县”。

（十四）内蒙古自治区鄂尔多斯市，通过科学利用优越的资源条件，高起点引进和配置生产要素，全面推行资源节约型、环境友好型、集约化的工业和农牧业生产经营方式，创造后发优势，实现跨越式发展，走出了一条西部资源富集地区快速发展的路子。

（十五）云南省丽江市，利用当地优势特色资源，做大做强做精旅游产业，以旅游业带动经济社会发展，从名不见经传的西南边陲小镇发展成为富裕繁荣文明和谐的旅游文化名城。

（十六）甘肃省定西市，弘扬“领导苦抓、部门苦帮、群众苦干”的精神，发挥比较优势，注重引进国际先进生产模式，把小土豆做成大产业，形成种草养畜－发展沼气－沼渣肥田－增粮增收－改善生态的循环经济模式，初步走出一条自然条件恶劣地区脱贫致富的成功路子。

（十七）辽宁省沈阳市铁西区，通过全面贯彻振兴东北地区等老工业基地的战略部署，抓住新一轮经济上升周期的历史机遇，大胆进行行政管理体制改革和国有企业制度创新，充分发挥比较优势，加快技术进步和经济结构调整步伐，完善社会保障体系，使老装备制造业基地焕发勃勃生机。

（十八）黑龙江省绥芬河市，通过发挥区位优势，以沿边开放为基本战略，大力发展对俄边境贸易，搭建商贸旅游、进出口加工、跨境投资合作三大产业体系，带动农村和城市建设，推动社会事业全面发展，走出了一条以开放促开发的口岸城市发展之路。

三、对各地发展经验的共性认识

这18个地方发展的成功实践，是中国特色社会主义发展道路的生动缩影和具体体现。尽管这些地方发展的条件、路径、模式各不相同，做法也不尽相同，但具有以下主要特点。

（一）善于在国内外经济环境的变化中抓住发展机遇。这些地方都具有强烈的机遇意识和危机意识，抢抓机遇不松劲，遇到困难不退缩。从国内看，能够自觉顺应我国工业化、信息化、城镇化、市场化、国际化深入发展的新形势，从中寻找机遇、赢得先机，并积极应对风险和挑战。从国际上看，能够正确把握经济全球化新趋势，抓住生产要素在全球范围内重组和产业转移加快的机遇，主动承接国际产业转移，充分利用国际国内两个市场、两种资源，着力拓宽发展空间，积极分享经济全球化利益。

（二）充分发挥比较优势。这些地方都能认识到，自己既有相对优势也有相对劣势，要在激烈的市场竞争中赢得主动、实现又好又快发展，必须充分利用本地独特的区位条件、资源禀赋、特色产业、历史文化等资源，发挥比较优势，找准发展突破口。在实际工作中，这些地方都能坚持把中央精神同当地实际紧密结合起来，坚持因地制宜、突出特色、扬长避短，使比较优势转化为竞争优势，做到人无我有、人有我优。

（三）正确处理市场和政府的关系。这些地方都能坚持社会主义市场经济的改革方向、不断完善社会主义市场经济体制，既充分发挥市场在资源配置中的基础性作用，又高度重视政府的引导、调控、服务作用，加快转变政府职能，建设服务型政府，为发展创造无障碍、低成本、高效率的良好环境，努力使“看不见的手”和“看得见的手”各展所长、有机结合、相得益彰。

（四）坚持以开放促改革促发展。这些地方都高度重视开放对发展的推动作用，积极主动地通过扩大开放来促进改革、推动发展。在实践中，这些地方既积极扩大对外开放，也积极扩大对内开放；既积极“引进来”，也主动“走出去”。通过扩大开放，干部群众开阔了视野、解放了思想、转换了理念、创新了思路，有力促进了体制机制障碍的消除和资源配置效率的提高，这些地方抓住了更多发展机遇、获得了更广发展空间、赢得了更大发展优势。

（五）增强决策的科学性和执行力。这些地方都注重从实际出发，自觉遵循客观规律和科学规律，努力推进各级党委和政府决策科学化、民主化；同时，注重树立正确政绩观，坚持决策执行的严肃性、连续性，正确处理继承和创新的关系，对在实践中形成的符合本地经济社会发展实际的战略、规划、目标，坚持不懈抓落实，并且是一张蓝图管到底、一届接着一届干。

（六）以经济发展促进社会和谐。这些地方较好地处理了经济建设和社会建设的关系，深刻认识到经济发展和社会和谐是相互依存的统一体，没有经济发展就不能为社会和谐提供坚实物质基础，没有社会和谐稳定也不能为经济发展创造良好社会环境。在实际工作中，这些地方都强调推动经济社会发展各项工作必须坚持以人为本，实现好、维护好、发展好最广大人民的根本利益，正确处理改革发展稳定关系，着力保障和改善民生，妥善处理各方面利益关系，努力把提高效率同促进社会公平结合起来，实现经济发展、社会和谐相互促进、共同提高。

（七）尊重人民首创精神。这些地方都自觉坚持人民主体地位，及时掌握和有效运用人民群众在发展实践中创造出的新思路、新做法、新模式。各级党政干部能够深入群众，体察民情，了解民意，集中民智，珍惜民力，注重调动人民群众的积极性、主动性、创造性，为推进改革开放和社会主义现代化建设提供最深厚的力量源泉。

（八）发挥党的领导核心作用。这些地方都重视加强和改进党的建设，强调加强和改善党对经济工作的领导需要通过各级党组织和党员、干部来实现。从这些地方的实践看，经济发展成功的地方，都有一个过硬的领导班子、一批具有战斗堡垒作用的基层组织、一支能够发挥先锋模范作用的党员干部队伍、一些独具特色而又与时俱进的党建做法，党组织能够充分发挥总揽全局、协调各方的作用，有效实现了党的建设和社会主义现代化建设的内在统一。

四、各地发展中面临的新挑战

这18个地方在前进道路上仍然面临一些新的挑战。主要是：经济发展方式还比较粗放，经济发展付出的资源环境代价较大，转变经济发展方式的任务很繁重、很紧迫；产业结构不尽合理，农业基础薄弱，工业大而不强，服务业发展滞后；自主创新能力不强，缺乏自主知识产权、核心技术和世界知名品牌；在社会结构深刻变动和利益格局深刻调整面前，社会建设和管理面临诸多新课题，等等。这些情况表明，在我国发展已站在新的历史起点上的新形势下，各地要解决发展过程中遇到的突出矛盾和问题，最根本的是要高举中国特色社会主义伟大旗帜，以邓小平理论和“三个代表”重要思想为指导，深入贯彻落实科学发展观，继续解放思想，坚持改革开放，推动科学发展，促进社会和谐，扎扎实实落实党的十七大作出的战略部署，努力按照实现全面建设小康社会的新要求，全面推进社会主义经济建设、政治建设、文化建设、社会建设以及生态文明建设，全面推进党的建设新的伟大工程，不断在中国特色社会主义道路上迈出新步伐。

18个地区的有关发展指标

地区	年度（增速）	地区生产总值(万元)	人均地区生产总值(元)	财政收入(万元)	农村居民人均纯收入(元)	城镇居民人均可支配收入(元)	出口总额(万美元)
浦东新区	1978年	44000	706	11100	253		
	2007年	27507600	14526	8544900	12730	24273	5281000
	年均增速(%)	18.1 (1990-2007)	18.1 (1990-2007)	36.3 (1990-2007)	14.5	14.2 (2002-2007)	31.0 (1993-2007)
昆山市	1978年	24000	466	3460	201	636	3807 (1990年)
	2007年	11520000	171061	2020000	12168	21927	323200
	年均增速(%)	18.6	17.5	18.2	9.4	10.7	48.7
江阴市	1978年	43307	442	8836	199	341	219
	2007年	11900000	99490	1905252	10641	21013	643536
	年均增速(%)	21.4	20.5	20.4	14.7	15.3	31.7
义乌市	1978年	12800	235	2000	136	485 (1981年)	10623 (2000年)
	2007年	4100000	59144	588800	10200	24800	166000
	年均增速(%)	22.0	21.0	21.6	16.0	16.2	46.7
温州市	1978年	132000	238	13500	113	477 (1981年)	169 (1988年)
	2007年	21450000	28362	2933000	8591	24002	1014800
	年均增速(%)	15.1	13.8	20.4	16.1	16.3	58.1
泉州市	1978年	77900	171	7900	75	324	200 (1979年)
	2007年	22886000	29664	2250600	7244	18097	495000
	年均增速(%)	17.7	15.6	21.5	17.1	14.9	32.2
威海市	1978年	95400	440	10647	209	350	60
	2007年	15834500	63226	1562049	7737	16285	697172
	年均增速(%)	15.3	14.8	18.8	13.3	14.2	38.1
寿光市	1978年	42000	417	8050	74	351	133.5
	2007年	3329000	32664	330575	6619	13806	104764
	年均增速(%)	14.6	14.1	13.7	16.8	13.5	25.8
深圳市	1979年	19638	606	1721	152		930
	2007年	67654100	79221	27700000		24870.21	28753300
	年均增速(%)	27.4	12.8	34.4			37.5

续表

地区	年度(增速)	地区生产总值(万元)	人均地区生产总值(元)	财政收入(万元)	农村居民人均纯收入(元)	城镇居民人均可支配收入(元)	出口总额(万美元)
东莞市	1978年	61100	553	12200	149	318	3900
	2007年	31260000	46014	5380000	11514	26983	10110000
	年均增速(%)	18.0	16.5	23.4	16.2	17.0	28.6
芜湖市	1978年	74500	434	24500	95	392	39(1990年)
	2007年	5811200	25294	1051600	5208	13234	168000
	年均增速(%)	9.99	8.89	7.74	8.66	6.85	63.60
吉安市	1978年	85900	246	6441	140	529(1985年)	1840(1985年)
	2007年	4060000	8600	408000	4029	11120	16049
	年均增速(%)	10.9	9.7	15.3	12.3	14.8	10.3
长沙县	1978年	21284	296	1919	143	12012(2005年)	3791(1999年)
	2007年	2878751	36491	319008	7000	15834	62400
	年均增速(%)	15.44	15.06	19.26	14.36	9.65	41.92
鄂尔多斯市	1978年	34600	344	1900	194	297	3051(1989年)
	2007年	11509100	75161	2008000	6123	16226	52401
	年均增速(%)	22.2	20.4	27.1	12.6	15.0	17.1
丽江市	1978年	16564	191	1283	66	400	
	2007年	848176	6984	72831	1922	11918	1712
	年均增速(%)	7.9	6.9	14.9	12.4	12.4	
定西市	1978年	24874	114	3020	72	241	69
	2007年	1001031	3422	60810	1863	8343	1152
	年均增速(%)	8.14	7.32	10.91	6.84	7.63	11.09
铁西区	1978年	45000	900	800	280	420	900
	2007年	4670000	49100	526000	9190	13656	94140
	年均增速(%)	17.3	14.7	25.1	12.8	12.7	17.3
绥芬河市	1978年	997	560	54	106	2210(1987年)	249(1987年)
	2007年	505665	80962	100100	6688	14850	222263
	年均增速(%)	21.3	16.2	29.6	15.4	10.0	40.6

1984年10月1日，中华人民共和国成立35周年庆祝日，盛大游行队伍通过天安门时，北京大学游行队伍中展现出一条“小平您好”的醒目横幅。

小贴士
Xiao Tieshi

改革开放30年流行语录

凭票供应	供房	负翁	刷卡	藏金于民
抢购潮	有车一族	出境游	月光族	套牢

Xiangguan Lianjie
相关链接

“中国改革开放30年30个优秀集体”及“中国改革开放30年30个创新案例”名单

作为向改革开放30年的献礼，“中国改革开放30年论坛暨评选活动”评选出“中国改革开放30年30个优秀集体”及“中国改革开放30年30个创新案例”。

“中国改革开放30年30个优秀集体”名单

1. 深圳市
2. 浙江省义乌市
3. 温州市
4. 上海浦东新区
5. 北京中关村科技园区
6. 南方周末报
7. 苏州市
8. 东莞市
9. 浙江省乐清市柳市镇
10. 天津经济技术开发区
11. 大连市
12. 湖南卫视
13. 陕西杨凌农业高新技术产业示范区
14. 山东省诸城市
15. 北京大学中国经济研究中心
16. 博鳌亚洲论坛
17. 广东省佛山市顺德区
18. 中国消费者协会
19. 中国残疾人联合会
20. 常州市
21. 唐山市
22. 杭州市
23. 中国光彩事业促进会
24. 中国（海南）改革发展研究院
25. 中国民生银行
26. 无锡市
27. 宝钢集团有限公司
28. 宿迁市
29. 中央电视台经济半小时栏目组
30. 成都市

“中国改革开放30年30个创新案例”名单

1. 上海：首次公开发行股票（1984）
2. 黑龙江：伊春市国有林业产权改革（2006）
3. 安徽:来安县前郢队包产到户第一家（1978）
4. 沈阳：国企首次公开破产（1986）
5. 武汉：开放小商品市场（1979）
6. 深圳：住房商品化改革（1981）
7. 山东诸城：开创国企整体改革之先河（1992）
8. 深圳：企业实行劳动合同制（1980）
9. 四川：广汉撤“社”建“乡”（1980）
10、北京：第一个股份制国有企业（1984）
11、广东、安徽采取雇工经营（1979）
12. 四川雅安：党代表直接选举（2002）
13. 温州：烟具协会打赢入世后首个反倾销案（2003）
14. 广州：粮价放开（1992）
15. 四川：国有企业扩大经营管理自主权（1978）
16. 北京：海淀区人大代表选举（1980）
17. 武汉：建立企业产权交易所（1988）
18. 宁波：外来工参加城镇职工社会保险改革（2007）
19. 武汉：外国人担任国有企业厂长（1984）
20. 深圳：蛇口管委会直选（1986）
21. 深圳：土地拍卖探索土地资本化（1987）
22. 四川：遂宁市市中区步云乡开创乡长直选（1998）
23. 中国扶贫基金会：政府资源向非政府组织开放（2006）
24. 浙江：嘉兴户籍制度改革（2003）
25. 河北：国有企业承包制（1984）
26. 浙江：瑞安“三位一体”农协模式（2006）
27. 福建石狮：探索“小政府大社会”（1988）
28. 海南：“洋浦模式”探索开放新政策（1988）
29. 贵州毕节：全国农村改革试验区（1988）
30. 江苏仪征：乡镇公推公选、公推直选改革(2006)

寻找中国改革地理坐标

“地标”总是可以指向时间坐标，如果与制度相连接，那“地标”本身成为历史叙事的重要部分。回顾国力舒张的30年，总有一些引领中国进程的标志性事件被人们记取，这些公共记忆的发生地,就是我们找寻的坐标。1978以来，自上而下的引领与自下而上的探索并行不悖。但同处于“摸着石头”的自发年代，后者往往更能彰显出智慧的力量。《21世纪经济报道》从2008年11月中旬起连续刊登“中国改革地理”系列文章，为我们讲述那些曾经处于改革开放最前沿的那些地方，以及那里发生的故事。

小岗村

一波接一波的改革路径之设计与选择，正是中国农村30年波浪式改革的投影。即使已经有了更严格的经济学解释，但这仍然是一个巨大的悬疑：当年死都不怕，为何怕合作？这是安徽小岗村需要被重新提起的命题，在这个改革的地理坐标原点上。

在不远的苏南，以华西村为代表的集体经济其时已经蓄势待发；500公里之外的温台地区，股份合作制已经破土。30年过后十七届三中全会的农村土地流转，小岗村已经无数次进入主流话语体系。在小岗村汇报上级和公开提供的数据说：全村人均收入达到了6500元。如是，以小岗的地理位置，也算一个不容易的成就。

“官方”的数据和村民的真实感受产生了落差，但这不是问题关键。“一年超越温饱线，廿年没过富裕坎。”这正是小岗村取得将近十年的“辉煌”之后，随后进入超过20年的发展路径选择之困。

一个细节令人唏嘘：到了90年代中期，小岗村才拥有了第一辆摩托车。到了2000年，小岗村的人均收入只是另外一个政治明星大寨村的60%，更是不到华西村的4%。面对这样的困境，小岗村也免不了俗。外出打工成为很多家庭的选择。

但这些显然不是小岗村故事的全部。至少在最近的十年，与全国大部分普通农村一样，小岗村进行了一波又一波的来自外面的也来自自身的救赎。这被多数来小岗考察的人忽视，与之擦肩而过。

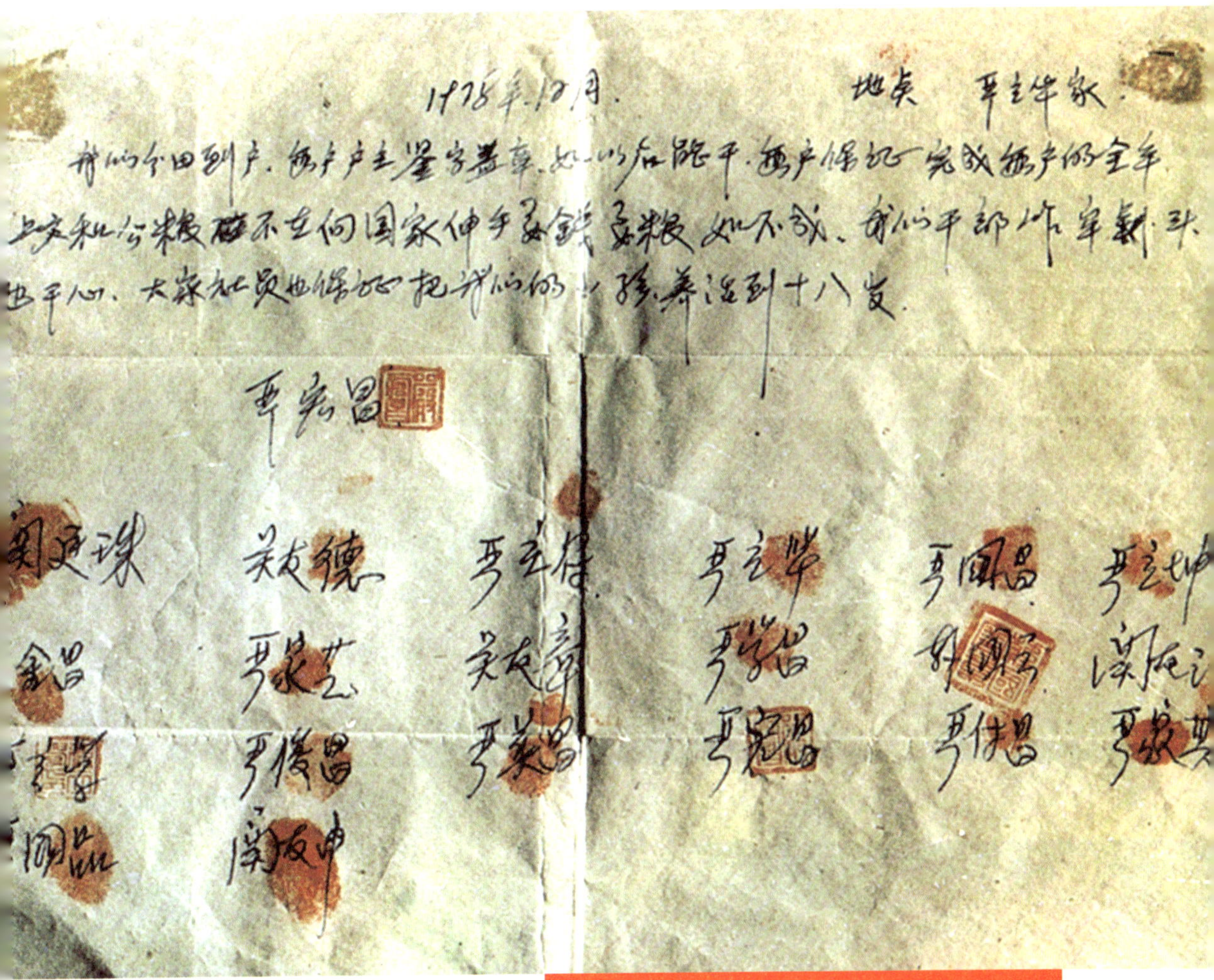

1978年12月　　地点　严立华家

我们分田到户，每户户主签字盖章，如以后能干，每户保证完成每户的全年上交和公粮，不在向国家伸手要钱要粮，如不成，我们干部作牢杀头也甘心，大家社员也保证把我们的小孩养活到十八岁

●○ 小岗村18位农民按下红手印的“包产到户”契约。

人民大会堂

人们习惯于把这座建筑视为一个政治符号载体，却忽视了它默默的去政治化努力，大会堂自身的改革与开放，恰是整个外部世界的缩影。在何看来，这是一个微妙的口子：不同社会阶层的人士，都可以借各种机会，登堂入室，参观这个讨论和决定13亿人命运所系的重大国是的地方。

人民大会堂对外开放的一个小窗口，已经成为中国变革之路的形象大窗口。这不仅是学者研究的一个印象，每天来自全国各地的游客他们的生活变迁也在并不长的参观路线上，找到一个无需答案的解释。

更多的中国民众,通过电视和报纸的报道，了解关系13亿中国人福祉的国是要策在这里被集中讨论和决定。

这已经不仅仅是作为政治符号的地理坐标。如果再细致考察它的开放空间，则作为中国改革开放30年的地理坐标给出了一条顺理成章的引喻：自下而上的变革只有与自上而下的改革同向使力，才让中国道路走得更好，走得更远。

江村

一个历史上"集体经济"的代表者，如何在今日超越仅仅是一个"学术名村"的命运？江村坐落在太湖东南岸，现属江苏省吴江市震泽镇境内，是一个3000人口的小村庄，因起家于乡村工业，而一度被称为中国集体经济的符号。上世纪80年代乡镇企业的崛起，是改革开放30年来苏南地区面临的第一次发展机遇。不过，1990年后，这里的几家村办企业纷纷倒闭之后，村集体经济就开始入不敷出，村债务最高时达960万元，如今还戴上了吴江市"经济薄弱村"的帽子。困境背后的突围，或许将被作为一个新的江村经济样本被重新解读。

向阳镇

这里是集体经济的源。小岗村的大包干行动，释放了积蓄多年的民间力量，改革的压力由此向上逼近，追问上层建筑最靠近村的前沿：人民公社。

1980年，这个历史使命在四川省广汉市开花结果。在离成都不到50公里的向阳人民公社，在全国率先"摘掉"人民公社牌子，建立向阳乡政府。

来自典型的政治经济学教科书理论解释是：上层建筑调整必然催生新的生产

关系，由此适应并极大促进了生产力的发展。

用现代政治和经济理论解释，就是经改(包产到户)必然要求进行政改(去公社化)。常识如此，逻辑的实践未必然，直到向阳冒险摘牌!

1982年12月五届全国人大五次会议通过修改后的《宪法》。新《宪法》规定：废除农村人民公社“政社合一”的体制，设立乡政府。到1985年6月，全国共有56000多个人民公社的牌子被摘掉。

新的乡村体制，最直接的动力，即是催生了中国新集体经济的嬗变，并形成中国经济百花园的两条交叉小径：一条是集体经济的变革之路，一条是从集体经济演变出非公经济的源与流。

广州白天鹅宾馆

“地标”总是可以指向时间坐标，如果与制度相连接，那“地标”本身成为历史叙事的重要部分。在珠江边，白天鹅宾馆是这样的“地标”。这座并非显眼的单体楼，指向的却是开放的坐标——官方的记载是，白天鹅宾馆，这是中国对外开放后第一家中外合作经营的宾馆。

1985年2月23日，春节刚过第四天，邓小平第三次来到白天鹅宾馆，在这里俯瞰变革中的珠三角。彼时，在改革开放的总设计师视野里，一个珠江三角洲、一个闽南三角洲、一个长江三角洲，已经渐次破发。

彼时，作为第一家中外合资的企业，从其设想到建成，正触发中国对外开放的层层制度阵痛，在寻找制度空间的过程中，并没有教科书式逻辑可循。

白天鹅从破土动工到发展经营，一直在不自觉地推动着中外资本合作经营的体制变革，合资模式成为外资进入中国的主要通道。

由此，白天鹅宾馆已经不仅仅是地理坐标，也顺势成为中国开放的坐标。这里有中国酒店宾馆业引入的第一间“总统套房”，包括30多位国家的元首和首脑，如英国女王也曾在这里下榻。

白天鹅宾馆打开了中国开放的窗口，“合资”的突围之路，渐次引致中国对外开放的多样化选择。

东莞太平手袋厂

1978年9月15日，中国第一家“三来一补”(来料加工、来样加工、来件装配和补偿贸易)加工厂——东莞太平手袋厂正式开工，工商批文号：粤字001号，其前身即由原来的虎门太平竹器社改办而成。

粤字001号批文下发前两个月后，国务院在7月15日颁发了《开展对外加工装配业务试行办法》。改革和开放，作为三十年不分不离的两个词汇，在这个中国大陆离资本主义最近的地方，不期然相遇。

从三来一补到三资企业，进而到现在国资、民营、外资三分中国的经济格局，这是一条并非被事先确立的演变逻辑。

1988年——改革开放10周年之际，太平手袋厂的员工基本都出去自立门户，做了老板。这是珠三角区别于江浙的另一条私营经济发展之路。更多的三来一补企业转型为“三资”企业，并形成了珠三角加工贸易的一大格局。

近年来，国家以及东莞发展战略的调整，加上其自身经营、技术水平的限制，盛极一时的“三来一补”企业或关闭,或迁移，或转为独资，或经历了痛苦的转型，或正面临着转型的蜕变。

今天“东莞堵车，全球缺货”已经彰显东莞作为“世界工厂”地位。在东莞市2007年超过3000亿元GDP的背后，蛰伏着影响东莞制造业各种要素的异动。这些要素曾经铸就了东莞的辉煌，而今也直接左右着这个城市的未来发展方向。

满洲里

早在1901年，满洲里就开通了铁路口岸。满洲里的边贸迅速发展，还要等待中苏关系的解冻。1978年之后十几年里，满洲里是一座小而幽静的边境小镇，城市人口4万人左右，小镇之小当地有则戏说：抽根烟就可以从东走到西了，嗑把瓜子就可以从南走到北。

1984年，时任中共中央总书记胡耀邦来到满洲里，在满洲里提出了要主动用民间的力量来推动双边关系和贸易。此时国家管理外贸体制还没有松动，“你们地方可以大胆一点，展现一种友好的姿态。”中央领导的这一表态给当地的官员要“促开放”的想法吃了定心丸。

到1988年4月份，满洲里当地的“中苏友好协会”利用双方的节日，我们的国庆节，俄罗斯的十月革命节等机会,经过多次谈判，几次往来，每次都提到两国之间要发展贸易往来关系，双方商定，中方成立一个满洲里市边境贸易公司，作为双方联系的一个载体，相应地，俄方成立了后贝加尔职工消费合作社，双方之间有了一个对接的渠道，作为双方贸易的交易棒。

双方的第一批合同就是我们给对方出口地方产的红砖，而进口的是农业机械、五金、工具、配件等。从此，双方逐渐开始了易货，按照当地老百姓的俗称，也称为“堆货”，即用“这一堆”换“那一堆”，如果双方觉得合适，就通过运输工具运来运去，毕竟双方的距离只有陆上距离9公里。这9公里实质上成为突破历史的9公里。

1992年国务院批复满洲里市为延边开放城市之后，1993年实际上经历了一个飞速的发展。由于是边境城市，国家当时的政策不允许边境地区搞大规模的生产加工，满洲里也就不在国家的重工业布局之内，开放之前的满洲里，发展路径贫乏。

身处口岸资源的满洲里在谋划将自己的发展路径转向自己的“天然优势”：这里是以商贸为主的城市，所以应该首先确定“搭平台当先导做服务”的理念。

满洲里人很明白，这里一直是中俄国家间的联系纽带，即使中俄两国关系最交恶的时候，贸易往来也没有完全断掉，为什么会有满洲里这座城市？为什么在这里设置这么多中央级的机构？都说明了满洲里在中国外贸中的地位。令满洲里自豪的是，新中国的外贸也是从满洲里起步。

经过近20年的发展，满洲里口岸的运量从1990年初的每年300万吨，到2007年公铁两个口岸加起来的运量达到了2402万；而原来的进出境人员，从每年的三四十多万，到2007年，整个口岸进出境人员达到了219万人次。

小贴士
Xiao Tieshi

改革开放30年中国流行语录之政事篇

1.包产到户

2.让一部分人先富起来

3.摸着石头过河

4.一国两制

5.一个中心，两个基本点

6.发展是硬道理

7.“入世”

8.三个代表

9.和谐社会

10.大国崛起

袜都大唐镇

依靠一双普通的袜子战胜百年袜都美国佩恩堡，一举拿下了全球袜业市场35%的份额，“小小袜子对强大美国构成的威胁，你永远都猜不到究竟有多大!”曾任美国驻华大使馆公使的谢伟森(DavidS.Sed-ney)留下了“耸人听闻”的话语。

1969年，诸暨原宜东乡钟家村以每台160元的价格从上海买回16台手摇袜机，创办当地第一家集体袜厂。到1980年，大唐农村总户数50%以上都成立了家庭袜机作坊。这是滋生于农村的企业的雏形。

至2000年底，大唐镇袜厂已达7320家，从业人员3.6万人，年产袜子60多亿双，产量已占全国的65%，全球的1/3强。

在这个庞大的产业集群内部，有大约1000家纺织原材料加工厂，400家纱线经销厂，300家缝头厂，100家定型厂，300家包装厂与100家托运服务公司。

大唐作为中国东部乡村的地理坐标，演绎了中国道路的全球价值。但这看起来虽然生生不息但却是脆弱价值链。2004年5月初，美国海关扣押了包括中国在内的

22个国家或地区的进口袜子，他们怀疑各国进口商伪报进口袜子成分以逃避美国配额限制。6月28日，美国4家行业协会向美国纺织协议执行委员会(CITA)申请，声称中国生产的袜子对美国形成“市场扰乱”并“构成威胁”。三个月后，美国对中国袜子实行配额管理。2005年11月，中美两国政府达成《关于纺织品和服装贸易的谅解备忘录》。2006–2008年美国将对332、432、632部分设限，加入中筒袜和婴儿袜，只剩余化纤连裤袜，涉及美国4个类别、15个10位税号，涉及中国13个10位税号。

大唐随即受到冲击。在2005年12月公布的输美21类纺织品配额第一次招标中，诸暨企业只有11家中标，中标数量仅占全国可招标数的6.1%。这点可怜的配额数，如何能完成占全球总消费量35%、占美国消费量25% – 30%的外贸实绩？

2006年3月，大唐镇政府决定紧急“救市”：高价回租空置营业房，低价租给袜机经营户，“亏本”聚人气！2007年初，大唐人方决定产业升级。耗资2988万元建立了科创中心，30多家大唐袜企相继建立科研中心，与国内百余家高校、科研院所建立合作关系，每年开发550多种袜业新产品。仅2006年度，大唐镇就投入技改资金15亿元以上项目4个。

在大唐人忙着产业升级的时候，美国袜业之都佩恩堡的人们也面临着内忧外患。

2007年4月，美国廉价服装制造商GildanActivewearInc.宣称，将把大部分在北美的生产转移到加勒比地区。Gildan是在纽约证交所上市的跨国针织企业，占有美国T恤、羊毛衫及袜子市场近50%的份额，年销售额5亿美元。

到2008年2月19日，以美国全国纺织团体委员会(NCTO)为首的14国15个纺织团体联名致函众议院，要求延长对中国的贸易制裁，“美国对中国纺织品配额限制还有不到一年就要到期，美国的纺织产业已经面临很大困难”。

大唐人们满腹疑虑。自从2001年中国加入WTO后，我们的产品越来越多地进入全球市场时，我们是否会距离全球市场越来越远？

在日益扁平的全球化时代，是否存在真正具有普适价值的公平贸易准则？

这是目前还没有答案的大唐人追问，但回到大唐，这个依靠市场创新、制度创新和组织(创新)的东部乡村小镇，已经回答了过去30年的问题,他们将如何回答下一个30年的跃进，这也是一个问题。

温州民间金融

温州模式的式微，与近年来温州民间金融活力的降低有着很重要关系。2003年,温州导入重型化战略，随即引致温州强政府模式追问。

关于温州模式的另一头是，“无为”政府的“加持”。

在市场和企业的边界，政府无为还是有为，强势还是弱势，成为温州模式演进之路的风向标，这构成了温州私营经济滥觞之显性通道。

但这仍无法解释温州私营经济完整的跃进链条：工业利润的原始积累方程式，与其私营阶层的产业资本图谱之间的巨大裂痕。

这或许还有一条更为隐秘的通道。

追问直到2003年前后，开始逐渐浮现。是年，温州经济开始出现放缓迹象，各项经济指标均在浙江名列倒数，这一状况延续至今。

中国人民银行温州市中心支行在一份名为《温州金融改革发展三十年——综述与启示》的报告中，解释了这个裂变:温州模式的式微，与近年来温州民间金融活力的降低有着很重要关系。

令人炫目的是：也即在此前后，以温州为名的各式资本开始涌入全国的房地产、矿产、股票、黄金市场。与此同时，处于产业升级困惑中的温州中小企业不得不依赖最高达4－5分的民间高利贷。

在过去30年间，温州民间金融与被誉为“无为”的温州政府一次次正面博弈，其间几度沉浮。2008年10月，由央行和银监会力推的小额贷款试点在温州正式启动，这被认为是温州民间金融进入主流话语体系的契机。

沈阳铁西区

建国后长期计划经济体制下积累的深层次矛盾，在20世纪90年代的铁西集中体现出来,老工业基地曾经陷入前所未有的困境,成为“东北现象”的典型。

1986年至2002年的16年中，90%的国有企业处于停产或半停产状态；企业平均负债率高达90%；城市功能单一，二、三产业比例严重失衡；职工生活困难，30万产业工人中有13万人下岗；社会保障缺失，10万多名下岗职工没有参加养老、失业和医疗保险。

1986年8月，一条石破天惊的消息流传。8月3日沈阳市政府以举行新闻发布会方式终于揭出谜底——防爆器械厂被工商局出示“红牌”宣告破产。

但破产并没有决定性解决老国企的生存与发展问题。铁西的转机开始于2002年。中央政治局9位常委先后进入铁西企业调查研究，提出加速铁西工业区的改造振兴。是年6月18日，沈阳市委、市政府决定，将铁西区与沈阳经济技术开发区(国家级开发区)合署办公，组建铁西新区。2003年10月，国家实施振兴东北等老工业基地，铁西迎来了历史机遇。

同时对铁西老工业区实行的“东搬西建”催生了有效的大规模改造:将原有工业企业从东向西迁至开发区，利用级差地租为企业新生提供资金；而老工业区则改造成为商业和生活居住区，原来林立的工厂烟囱和职工棚户区变成了历史记忆。

辽宁省委政策研究室咨询办主任赵治山认为铁西改造经历了三个阶段。第一阶段是简单的剥离、转型。然后是寻求市场的生机，恢复市场体制。最后借助于“东搬西建”，腾笼换鸟，“真正让它们彻底发生脱胎换骨的变化”。

现在的新铁西包括铁西区、沈阳经济技术开发区和沈阳细河经济区，坐落于沈阳市西南部，成为沈阳市最大城区和装备制造业核心区。

如果说破产是退出机制，与此相关的同样重要的命题是：准入机制。但至今，后一机制远没有前者来得彻底。战略投资者也有可能成为战略撤退者。

沈阳当地某高校一位经济学教授就对主流国有企业改革模式留有不同意见。他认为,辽宁国有企业比重本身就比较大，地方政府介入直接干预的做法一直存在；“在多少时间之内，没有引入战略投资者，就是没有改革”这样的看法，“现在的沈阳，还是没有摆脱这一点”。

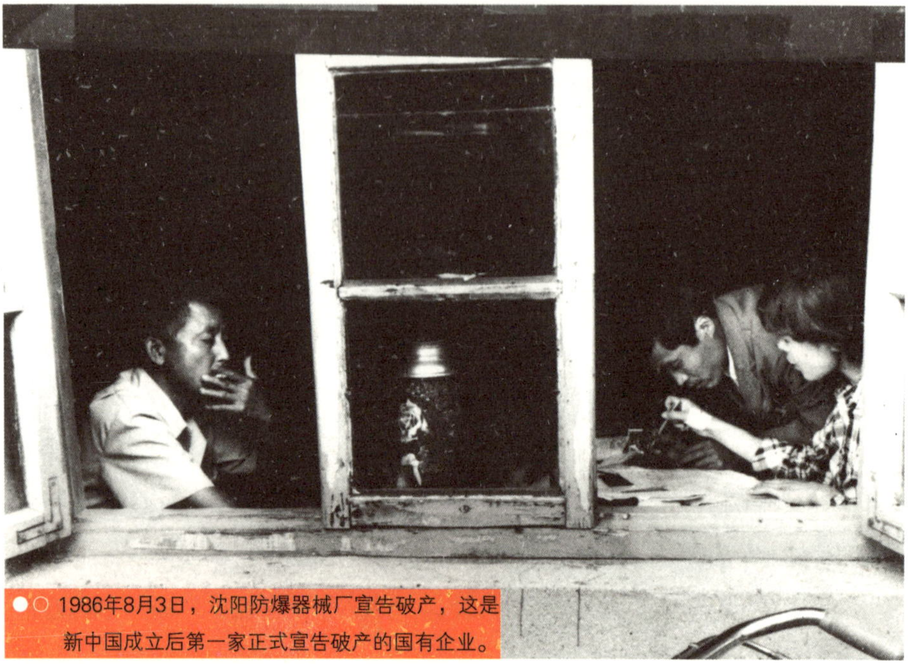

●○ 1986年8月3日，沈阳防爆器械厂宣告破产，这是新中国成立后第一家正式宣告破产的国有企业。

上海证交所

1990年12月19日,仅仅筹备了一年不到的上海证券交易所在上海浦江饭店举行了开业典礼,时任上海市委书记兼市长的朱 基致开业词。

在上海证交所成立的日子,即1990年11月26日,在上海华商宾馆内,上海证交所首次会员大会召开——这个会奠定了上海证交所“会员制自律组织”的市场主体地位——当年还没有证监会。首次会员大会的重要议程是选举上海证券交易所的理事,由13人组成的理事会是上海证券交易所的最高权力机构。按照上交所设立时的章程规定,理事会、监事会要有政府参与。比如，监事会要有人民银行、上海财政局的参与,后来上海市计委也派人参与理事会。当时市场组织凤毛麟角,就算有一两家也是政府办的。所以提出建立会员制的交易所也是思想解放,改革的一个突破。

创新当然有风险,国债期货成为1995年2月“327”事件的主角,那是一段不堪回首的往事。万国证券因为“327国债”事件造成的损失高达60亿元人民币,当年力争上交所副理事长职位的万国证券总经理管金生因为这根导火索,最终被判有期徒刑17年。

对于上海证交所来说,1997年这一年发生了很多重要的事,成为上交所发展历史中的分水岭,也许同样是中国证券市场发展的分水岭。这一年8月15日,国务院作出决定,沪深证交所划归中国证监会直接管理,中国证监会任命屠光绍为上海证券交易所总经理。此后,上海证交所总经理、理事长等人事都由中国证监会任命。

值得注意的是,恰在这一年开始,世界各主要交易所开始向公司制的证券交易所转型。它们起初大多是会员制的自律组织,都不可避免地走向了公司化的改革,并在几年后完成自身的上市。

相比之下,上海证券交易所定位为“会员制的事业单位”,只是会员大会有名无实,看起来更像是证监会附属机构。

我国《证券法》所规定的证券市场监管,基本上是行政监管为主,这是证监会的职责所在;而证券交易所的自律监管未作系统性表述。

同样在这一年的12月19日,是上交所开市7周年的日子。上海证券交易所从浦江饭店的孔雀厅迁出,正式迁入矗立在浦东陆家嘴金融贸易区的上海证券大厦。

●○中国第一家证券交易所——上海证券交易所于1990年11月26日宣告成立并于12月中旬正式开业。图为上海证券交易所成立大会会场。

诸城产权改革

商品价格市场化、乡镇企业私营经济兴起后，国企资源获取优势和垄断利润渐失，国企改革重新正视股份制。是为产权改革变迁之肇始。

试验的地点是与沈阳市铁西区隔渤海相望的山东诸城市。从1992年开始，用了15个月时间，按“先出售后改制、内部职工持股”的方式，诸城完成了全市200多家国企的改制。

用西方主流经济学的教科书概念表示，这是一条国企产权改革之路，其目的是为建立现代企业制度做制度安排。作为诸城改革的操盘手，时年35岁的诸城市委书记陈光则被冠以“卖光书记”称号。诸城模式随后流行，但至今仍被简单化为“卖光”。

改革需要配套，但政策往往并不够用。1993年4月，陈光在一次会上说：“配套改革的方面很多，如工会，企业实行股份制后，工会的作用怎么发挥？必须拿出意见来，有明文规定的可以执行，规定不适合实际的允许变通；上面没有规定找不到依据的，从实际出发尽快拿出办法来。”至改制结束时，诸城市政府出台了12个文件，自己制定了100多条规定。这其中包括1994年2月出台的《诸城市股份制企业劳动管理暂行规定》和《诸城市企业职工工伤保险暂行办法》。在职工最切身的保障方面，诸城做得仔细，亦走得前面，客观上保证了改革的顺利。虽如此，但改革班子仍如履薄冰。姓“资”姓“社”、国有资产流失，他们都要极力解释。“股份合作制”一词，又是诸城改革的一大发明，用“合作”来稀释敏感的“股份”，是那个年代特殊的智慧。

从改制开始，诸城就接待了数不清的考察团、调查组，而对于“诸城模式”的评价，直到1996年朱镕基亲抵诸城考察并表示肯定之后，才算有了“定论”。

苏州工业园

到了20世纪90年代初期，此时作为苏南模式的旧集体经济此刻在历经裂变之后，选择整体转型。与之遥相呼应的温州模式，也历经震荡，原来依靠10万经销商铺就的市场网络早已饱和，同样面临整体性转向。

新苏南模式，需要从一个地标开始，进行发展路径解释，这是关于后发优势的追问。98.5米高，方正、笔直、深蓝的现代大厦是苏州工业园区管理委员会现在的所在地；14年前，一排白色的两层小楼就是管委会的全部，它被当地人称为“白宫”。

从“白宫”到现代大厦，14年时过境迁，苏州工业园区产生了“一天创造1个亿的GDP，一天上缴1260万元的财政收入，一天引进400万美元外资”的奇迹。

比起深圳经济特区的建立，苏州工业园区已经晚了整整14年。苏州工业园区属于后起之秀，但却发轫于后发优势。

直观上看，苏州工业园区因为移植新加坡公共管理和经济发展的成功经验（如小政府大社会模式），但在世纪初，运行不到10年的苏州工业园即遇到外源型、资源扩张型发展模式导致增长乏力。

这同样需要一个解释：经济模式的变迁，在现有的中国政治经济格局下，如何有效诱致政府管理体制的革新，这是很多来苏州回去搞后发优势的地区所应见的，虽然未必所见或避而不见。

小贴士
Xiao Tieshi

改革开放30年中国流行语录之讽喻篇

1.黑夜给了我黑色的眼睛，我却用它来寻找光明

2.学好数理化，走遍天下都不怕

3.不管黑猫白猫，捉到老鼠就是好猫

4.打破大锅饭

5.孔雀东南飞

6.过把瘾就死

7.不管前面是地雷阵，还是万丈深渊

8.在网络那端，没有人知道你是一条狗

9.谁动了我的奶酪

10.世界是平的

酒泉卫星发射中心

举国体制下，航天中心城镇化选择和技术转民用及航天发射市场的全球探寻，这是30年变革在这个西北荒凉地带航天小镇的投影。

1979年之前，这里是我国第一个导弹试验靶场所在地。此后，这里慢慢从高度保密中打开一扇小门，成为一个有限度对外开放的卫星发射中心。

表面上看，30年的改革开放似乎对这个戈壁深处的小城的生活并无太大影响。在计划经济年代，这里肩负了发射“东方红”系列卫星和两弹一星的重任。在改革开始渐次向市场经济迈进的30年巨变中，“东风航天城”按照自己早已设计好的运行模式，接连完成了载人航天梦想的实现，未来将完成的还包括探月工程。

一个西北偏荒凉的小绿洲，30年不变的变化，承载的历史壮举，需要一个充满变化的探寻。

陆家嘴金融中心

浦西的“万国建筑群”演绎的远东金融中心往事如烟，隔江相望的492米环球金融中心则是亚洲高度。陆家嘴从荒芜田间拔地而起，只用了18年。

1990年12月，时任上海市市长的朱镕基主持了浦东新区总体规划审议会，并首先从陆家嘴金融贸易区开始，打算把它打造成一个中国与世界、现在与未来相融合的上海新标志地区。这是一个经中央政府批准设立的国家级金融贸易区，就位于黄浦江弯道边上的一个名叫陆家嘴的地方，其率先启动的中心区域虽然只有1.7平方公里，但它如同纽约的华尔街、伦敦的金融城一样，有着十分重要的发展潜力。即使和中国很多后发的城市相比，陆家嘴十几年前的规划仍然领先。如环球金融中心所在的地块，如果条件不成熟宁可一直空在那里。陆家嘴今天的布局得益于十几年严格遵照规划执行。

经中央政府讨论批准，1990年四大国有商业银行都在浦东设立了分行，他们通过多种信贷方式筹措资金，多次参加国际国内银团贷款，为浦东金融开发提供了最初的资金支持。1995年起，中国人民银行上海分行、工农建行、国家开发银行及日本富士银行、三菱银行，香港渣打银行、汇丰、花旗、瑞士丰泰保险等外资机构接踵而至。

1997年上海证券交易所落户浦东，紧接着上海期货交易所、房地产交易中心、煤炭交易中心、钻石交易中心、中国金融期货交易所等大批金融业的伙伴也集聚浦东，使浦东的各类金融机构超过了500家，金融集聚的大潮开始出现了。

陆家嘴金融企业的集聚同样得益于中国金融市场的改革大潮。2003年前后，浦东的金融机构只有200多家，集聚效应只是初步显现。但随着商业银行的改革、证券公司的规范以及公募基金公司的兴起，陆家嘴的金融业发展正好借助了这轮改革的东风，集聚加速度十分明显。

金融业在陆家嘴集聚，有很多必然和偶然的因素。国家的战略政策是必然因素之一，而浦东新区政府的“先行先试”则带有偶然中的必然。2005年，浦东综合配套改革试点为浦东金融改革创新带来新的机遇。“先试先行”给了陆家嘴更多的创想空间，当年浦东提出“外汇9条”引领了外汇体制的创新路径。

另外，浦东新区政府的服务体现在对金融业的深刻理解上，不是招商引资那一套，而是根据金融机构的需要提供服务。金融机构有什么要求，都不需要到政府来见面，直接发个传真到金融办或者E-mail给相关工作人员，就会马上得到处理，“能行就行，不行就是不行，根本不需要见面。”同时，设在浦东的金融仲裁院和金融法庭为金融业纠纷提供了便捷的解决途径。

小贴士
Xiao Tieshi

改革开放30年中国流行语录之世风篇

1.手术刀不如杀猪刀，造导弹不如卖茶叶蛋
2.撑死胆大的，饿死胆小的
3.工资基本不动，老婆基本不用
4.小姐，同志
5.今天你离婚了没有
6.中国可以说不
7.雷锋叔叔没户口，三月来了四月走
8.做人要厚道
9.出来混，总是要还的
10.我是出来打酱油的

秀水街

20世纪90年代以来，个体户的发展不再是“畏途”，1992年中共十四大上，社会主义市场经济体制正式取代计划经济体制；1997年中共十五大报告把非公经济确定为社会主义市场经济的重要组成部分。那段日子秀水的商户从几十个跃升到三四百户。此时秀水街开始向丝绸之街跃进。SilkStreet已经成为外国人进入北京后，首要问路的地方。

盛名之下，波折随之而来，一场围绕“真假名牌”之争延续十多年，并成为中美知识产权较量的关键地带。2004年7月20日，美国驻华使馆经济参赞王晓岷致信朝阳区政府，对秀水市场销售假冒产品侵犯知识产权问题提出质疑。政府开始介入几番整顿，并议论拆除重建市场。2005年9月，香奈尔等五家国际知名名牌，联合把秀水街告上法庭，秀水街市场自1985年开办以来第一次因销售仿冒品被控侵权，并最终败诉赔款。

2004年8月19日之后，政府部门和商户达成共识，秀水市场拆迁基本已成定局。2005年1月6日，秀水市场拆除；3月19日，新秀水街大厦正式开业，管理方北京秀水有限公司具备政府背景。

在那次变迁中，一些老商户未再续租，来自安徽和浙江的商户大批进入“新秀水”。

在秀水新旧的变迁中，中国个体户的数量也在变化。国家工商总局2005年公布的数据显示，早在1999年中国就实有个体工商户3160万户，可到了2004年，下降为2350万户，六年间净“缩水”810万户，最近几年全国个体户的数量也一直徘徊在2500万到2600万间。

2008年1月，秀水街市场推出了首个自有品牌“Silk-Street”丝绸。秀水街管理者们开始筹划他们认为的“提档”和自我“品牌”战略，原来商户们来自市场嗅觉的灵敏反应开始渐次让渡。为规范仿冒品，管理者甚至引进一些国际知名品牌的大型折扣店落户秀水。

历史的归历史。这或许就是商业文明的法则：市场不相信眼泪。值得追问的是，在沿着市场的边界上运行的管理者，是以市场的法则成为推动商业的力量，还是简单的市场的“计划者”。在丝绸之街，目前没有答案。

中关村

六车道的中关村大街，这条贯通北京市海淀区的南北大道，串联着包括中科院各院所、北大、清华、人大等多所学府，串联路上的每一个小节点，即是多家名号高科技的公司。中关村的演进道路，这是北京时间与硅谷时间接轨的地方，亦是最靠近全球价值链上端的地带。

新中国成立30年所积蓄的变革力量在1978年开始渐次释放。以硅谷时间运行的中关村，随即在政府和民间上下两大力量的推动下跃进。1988年初，由中央办公厅组织的联合调查组，开始对“电子一条街”进行全面调查与总结。5月，国务院正式批准发布《北京市新技术产业开发试验区暂行条例》，建立起我国第一个国家级高新技术产业开发区。中关村终于成为一个正式“区域”。不经意间，在这个从逐渐纵横交错的“创新网络”布局上，联想倪光南的汉卡、王选的激光照排、四通的打印机、王永民的五笔字型星星点点地布满了这个区域，开始大放光芒。这是新中国第一个国家级高新技术产业开发区——北京市新技术产业开发试验区。在政策方面，甚至与经济特区、经济技术开发区和沿海开放城市放在了同一高度，成为了引全国侧目的“高科技特区”。时至1999年，又进一步成立了“中关村科技园区”，划为“一区五园”，后来逐渐扩展至“七园”，如今已成“十一园”。1999年6月5日，国务院正式批复，在北京新技术产业开发区的基础上成立“中关村科技园区”。

从过去最早一批企业初创时，政府部门只是在摸索中给予企业零星的支持，到现阶段给企业全方位的支持，这是最难能可贵的变化。对于中关村的纵多明星企业来说，“从体制外走到体制内”，这是最大的变化。但这样的变化，也随之对中关村的创业模型进行了根本变革。这是一条新路，但是还需检验。

黄冈中学

1977年是中国教育史上的一个转折点，这一年在邓小平的关心下，尘封十年的高考开始恢复。1978年，黄冈中学第一次参加高考，270名考生，结果只有43人考取了大学，升学率不到五分之一。高考首役，百年黄冈一败涂地，甚至还不如一城之内的黄州中学。第二年，地委主管文教的副书记来到黄冈，亲任校党委书记。学校决定主抓教学，并恢复从全地区招生，是年追招了2个班共100多人。当时，我国高中还是两年制，而学校急于打一个翻身仗，从新招学生中抽出23名基础较好的学生集中训练，不到一年后就送上高考前线。

1979年高考成绩揭榜，黄冈中学107人考上大学，绝对数居湖北全省第一，该省理科前十名学生，黄冈就占了七名，并且包揽了前四名。而当初集训的23人中，13人考上了名牌大学。“从那一年，黄冈中学开始名震湖北。”现任校长陈鼎常回忆，教委、教育厅开始关注这所村镇中学，省里开始有人下来听汇报了，后来干脆将其纳入全省四所“样板学校”中的一所。而该校升学率也稳步上升，到1982年，已达到54.16%，率先过半。

1984年，学校领导体制改为“校长负责制”，校长开始有了独立决策权。张庭良在这一年出任黄冈中学校长，他决定把刚“到手”的权放出去。在放权上，黄冈中学设计了三种模式：一是横向分权，二是纵向放权，三是实行民主管理。由此，在学校管理体制上，黄冈中学开始了由集中型向民主型转变。后来的一份调研材料认为，黄冈神话的基础就在这里打下。

1984年，学校提出了一度让家长很难接受的“五不”原则，即坚决不办补习班，不收复读生，不按成绩编班，不加班加点，不实行留级制度。另外，学校又出台了四个“一样”：初中和高中一个样，起始年级和毕业年级一个样，文科和理科一个样，其他学科和主要学科一个样。在“注重过程”的制度激励下，学校全面展开第二课堂活动。黄冈中学91届毕业生牛建华回忆，当时黄冈中学每个星期都有物理晚会、英语晚会等各个学科的兴趣爱好者“沙龙”，除此之外，还有美育节和大大小小的兴趣小组，每一个学生差不多都能找到自己的团体。当年一个名为“呼唤少年英才”的调研组初步统计，黄冈中学开展各种课外活动达28种之多。

出乎许多忧心忡忡的家长的意料之外，第二课堂似乎丝毫没有影响教学质量，黄冈中学的高考升学率反而直线上升，到1990年竟然突破了90%。而由于学生的兴趣特长被充分挖掘，某些专业的拔尖人才脱颖而出。1986年，高二学生林强突然出现在国际奥数的领奖台上，引起了教育界的关注。

一时间访者如织，1991年仅3月份黄冈中学就接待了16批近300位慕名而来者。同时，各种不知真假的“黄冈密卷”开始流传于全国各所中学的师生案头，或成为升学的高分利器，或成为各校庞杂资料中的一项收费理由。“黄冈神话”自此由湖北大步走向全国，声名远扬。

神话终有“去魅”的那天，黄冈中学也不例外。纷至沓来的各路学校取足了经之后，纷纷效仿。然而不久，“教育产业化”的大势从高校一路倾泻下来，各地重点中学亦不能幸免。圈地、扩招，这些高校无所不用其极的“做强做大”的方式，也在中学上演，黄冈中学也迫不及待地将每个年级6个班一路扩到23个班。每个年级的9班是黄冈传统的奥赛班。学生们高一就要学完三年的课程，高二全力开始向国际国内奥赛奖牌冲刺。如果没有拿到奖牌，高三再去备考。而这两年拿奖的人越来越少了。黄冈中学至今获得国际奥林匹克竞赛奖牌数是11金5银2铜。

“孔子曰：有教无类。把尖子集中到一个班上，顾了少数，甩了大多数。”上述曾在黄冈任教多年的老师表示，“因材施教不是去编奥赛班，现在全国成风的这种编班不是我们的初衷。”这位老师回忆，黄冈曾经有一个特殊的研究机构，就是“防差转差科研组”。他认为，每一个人都有天赋的能力，都具有成功的可能性，教师应该努力去唤醒沉睡的大多数，努力去发掘每一个人身上独一无二的创造性劳动的源泉。

前校长张庭良还记得，在黄冈教改后不久，1987年4月，国家教委副主任柳斌在九年义务教育大纲统稿会上首次提出了“素质教育”的概念。但其后社会一系列的变数使得教改并没有一走到底，甚至在90年代还出现过回头的趋势。“如今，学生的负担不是变轻了，而是更重了。这个概念提出20多年了，我们的基础教育还没有探索出素质教育的有效途径。”已经70多岁的张庭良说。

30年来，我国教育事业取得跨越式发展，国民素质显著提高，教育公平制度建设显著加强，更多困难群体受惠。

三峡奉节

发生在2008年10月前后的那场定向爆破只持续了20秒。在当地人的记忆中，它在长江江面上带来的巨大轰鸣声仅次于发生在2002年11月的“天下第一爆”。那次爆破将存在了两千多年的奉节老县城夷为平地，成为长江水体下永远的古城。

这一次，它所带来的只是一声巨响而已。在奉节当地人的记忆里，这个名叫“华字塔”的奇怪建筑从来就没有完工过。这个全称“三峡移民纪念塔”的建筑物，按照艺术家的说法，它寓意着“三峡移民的开始意味着中华民族的一个向上台阶”。

最新消息说，一个外来投资商看中了它脚下的那块土地，在一年之后，将会有一个大型的综合性商业项目落地于此。

在此是观察三峡水体缓慢上升的好地方，从120米、145米、156米到规划中的175米蓄水线，一目了然。

从古城到新城，奉节人只用了几年时间。巨变对于新奉节人来说，已经成为习惯。在其身旁，过去的几年间，绝大多数的奉节人主动或者被动地被卷入那场以改造自然为主体的宏大故事中，沿着长江陡峭山壁往上游跋涉了13公里，到一个新建的城市。似乎为了连接某种特殊记忆，新城驻地仍沿用老县城的名字，永安镇。

移民们经历了太多的大场面，以至于对之后偶有进行的零星爆破行为都缺乏足够的兴奋感。在华字塔的爆破现场，他们只是短暂的停留了一下，然后继续出发。

高峡出平湖已然完成。如何在自然、生活、经济之间保持理性的发展平衡，这是新奉节需要面对和完成的“当惊世界殊”。

小贴士
Xiao Tieshi

改革开放30年中国流行语录之商道篇

1.时间就是金钱，效率就是生命

2.10亿人民9亿商，还有1亿待开张

3.低头向钱看，抬头向前看，只有向钱看，才能向前看

4. 老大(工人)靠了边，老二(农民)分了田，老九(知识分子)上了天，不三不四赚了钱

5.政府托市，企业圈钱

6.烂光不如卖光，卖光不如送光

7.要先把自己变成狼

8.与国际接轨

9.8亿件衬衫换不回一架飞机

10.开发商只为富人造房

最杰出的人物

2008
中国年谱
看这30年
Kanzhe 30nian

中国的改革开放堪称人类史上最伟大的实践。短短30年间，一个国民经济濒于崩溃的贫弱国家一跃成长为全球第四大经济体，民众生存与发展的要求更是获得了前所未有的尊重和满足。

时势造英雄，改革开放30年近于必然地成就了群英竞放的一代风流。通过这些各具神采的代表人物，可以看出伟大时代之于人的深刻烙印，也可以看出人之于伟大时代的坚实基奠，此相互激荡相互磨砺的关系，按照马克思的表述就是，历史的本质和使命就在于——造就日益完美的人。

问题随之而来。舞台如此之大，明星如此之多，我们的掌声该送给谁？

改革开放30年风云人物

2008年11月24日，由南方报业传媒集团、《南方都市报》评选的“30年30人：改革开放30年风云人物”在广州白天鹅宾馆揭晓。社会各界群英荟萃一堂，百万人历时9月千人中选出包括政界、商界、学界，科技、文化、体育等领域的30名在改革开放30年中具有标杆意义的人物获得“风云人物”称号。

从2008年3月起开始，“30年30人改革开放30周年风云人物评选”活动就正式启动，邀请12名国内知名专家学者组成高水准的评审团，设置网络、手机投票程序，制定严谨的评选规则，从1000人中筛选出300位候选人，经过300进200，200进100，100进30三个阶段的严格评选，历经9个月，有超过百万人参与投票，经过评审团专业、细致、苛刻的评定，最终产生30位改革开放30年的风云人物。

“30年30人”风云人物名单以及获奖理由

●于光远：著名经济学家、政论家和社会活动家，当代思想解放运动和改革开放的重要参与者和见证人。

●小岗村18户村民：30年前，安徽凤阳小岗村18家农户率先实行“包产到户”，拉开中国农村经济改革序幕。

●马化腾：腾讯集团执行董事、董事会主席兼首席执行官。腾讯主要创办人之一。

●马胜利：“承包国有企业的第一人”。

●王石：万科集团董事会主席，中国房地产行业的领军人物。

●王选：汉字激光照排系统的创始人和技术负责人。两院院士，被誉为“当代毕昇”。

●邓丽君：台湾著名歌唱家、一代歌后。

●年广久：“傻子瓜子”品牌创始人。号称“中国第一商贩”。

●任仲夷：原广东省委第一书记，中国改革开放先驱和闯将。

●江平：中国政法大学前校长、终身教授。为推动我国的立法工作做出重大贡献。

●杜润生：中国农村问题资深专家。1981年冬，参与起草“一号文件”，正式肯定土地家庭承包经营制度，结束包产到户长达30年的争论。

●杨利伟：中国首位进入太空的航天员。

●吴南生：深圳特区第一任市委书记，广东经济特区开拓者之一。

●吴敬琏：当代中国最有影响的经济学家之一，首届中国经济学奖得主。

●张艺谋：“中国电影第五代导演”的代表人物，2008年北京奥运会开闭幕式总导演。他的作品在国内外产生很大影响，被誉为“中国电影的一面旗帜”。

●张锦明：四川雅安市委副书记、市委党校校长。推行乡镇长选举改革试验，尝试第一次县级党代表直选和党代会常任制试点，她的努力成为中国基层民主改革的一个重要标志。

●金庸：原名查良镛。创作一系列经典小说，中国新派武侠文学的一代宗师。

●周瑞金：著名政论家，报人。以“皇甫平”为笔名发表系列文章，力倡改革开放，引发思想交锋。

●郎平：著名女排运动员和教练员，有“铁榔头”之称。

●项南：原福建省委第一书记，中国改革开放先锋人物。

●《光明日报》特约评论员（胡、孙）：胡福明和孙长江是《实践是检验真理的唯一标准》的主要创作者。

●柳传志：联想控股有限公司总裁，联想的早期创业者之一，中国IT行业的“教父”。

●钟南山：中国工程院院士，中国抗击SARS的领军人物。

●姚明：“80后”一代的佼佼者，NBA赛场上的中国文化代表。

●袁庚：深圳蛇口工业区缔造者，中国改革开放急先锋。

●袁隆平：中国工程院院士，湖南省政协副主席。被誉为“世界杂交水稻之父”。

●高耀洁：河南省中医学院第一附属医院退休教授，被誉为“中国民间防艾第一人”。

●薛暮桥：中国经济学泰斗、市场经济拓荒者。

●霍英东：香港知名实业家、杰出的社会活动家，著名爱国人士。

●何享健：美的集团董事局主席，带领美的从千元小作坊发展到年销售额近900亿元的家电巨头，历40年而不衰。

小贴士
Xiao Tieshi

回顾中国青年解放思想十大词语

改革30年，思想大解放，社会大发展。回顾中国青年，特别是改革前沿地区广东青年的发展变化，有十大解放思想词语，最具有影响力。

一、头啖汤

二、时间就是金钱

三、打工

四、双向炒鱿鱼

五、下海

六、海归派

七、志愿服务

八、网民

九、权益

十、自主创新

中国改革开放30年经济百人榜

中国改革开放的进程，其实就是传统计划经济向现代市场经济转轨的进程，此种进程的题中要义，即在于以真正的企业取代行政机构成为经济发展的微观基础，以真正的企业家取代行政官员成为经济发展的选择主体，这一转型的进程，推动着资源配置由计划主导向市场主导的持续演进。

基于上述判断，由人民日报社《中国经济周刊》发起主办，《人民日报》海外版、人民网协办，共同推出的这个榜单更多地着眼于勇敢地承担起了市场经济无处不在的风险、敏锐地把握住了市场经济无处不在的机遇的企业家们，以及那些为经济改革的实践不断提供理论探索的学界精英们。从他们在30年间的影响力、推动力、创新力等方面着眼，推出“中国改革开放30年经济百人榜”。

中国改革开放30年经济百人榜榜单（按姓氏笔画为序）

序号	姓名	职务	入选理由
1	马云	阿里巴巴集团主席兼CEO	他是最早在中国开拓电子商务应用并坚守互联网领域的企业家，他和他的团队创造了中国互联网商务的众多第一。
2	马洪	生前为国务院发展研究中心名誉主任、中国政策科学研究会会长	他积极倡导和推动中国市场取向改革；是理论研究的先行者，也是我国经济决策咨询工作的一位卓越的开拓者和组织领导者。
3	马化腾	腾讯计算机系统有限公司总裁兼CEO	他改变了中国人际交往和信息沟通的方式，创造了一种网络时代的文化，更引领出一个全新的赢利模式。
4	马明哲	曾任中国平安保险公司董事、总经理，现任中国平安保险股份有限公司董事长	在保险这个高度专业化的行业，马明哲对如何构建国际化大公司进行了一系列行之有效的实践。
5	马胜利	曾任石家庄造纸厂厂长	成也承包，组建了造纸集团，名噪一时；败也承包，战线拉得过长，被免职务。“马承包”随改革大潮起起落落。
6	马辉普	曾任吉林省三岔子林业局局长	他的“三段式”经营的创举，切合了改革的需要也提高了林业资源的利用效率，实现了经济与自然和谐的最早尝试。
7	马蔚华	招商银行行长	他是中国最具创新意识的银行家，给中国银行业带来了新的发展思路；导演了招行“网络化、资本市场化、国际化”的三出大戏。
8	卫留成	曾任中国海洋石油总公司总经理，现任海南省委书记、省人大常委会主任	外表很“土”，头脑很“洋”的老石油人让中海油成为了中国海洋能源的中流砥柱。从政的他，同样要给海南一个中海油式的跨越发展。
9	尹同耀	奇瑞汽车有限公司董事长、总经理	他是汽车行业的“技术狂人”，带领着奇瑞，走出了民族汽车产业的自主创新之路，出口销量领衔国内汽车业。
10	王石	曾任万科企业股份有限公司董事长兼总经理，现任万科集团董事会主席	作为房地产业最成功机构的最高领导，他关注、开发普通居民住宅需求，最先提倡住宅产业化和节能社区，表现出了企业家的社会责任感

续表

序号	姓名	职务	入选理由
11	王选	生前曾任北大方正集团公司董事长、全国政协副主席	他是最早在中国开拓电子商务应用并坚守互联网领域的企业家，他和他的团队创造了中国互联网商务的众多第一。
12	王永民	曾任北京王码科技有限公司总裁，现任中国王码集团董事长	他发明的五笔字型输入法，在世界上解决了汉字输入电脑的难题，开创了汉字输入能像西文输入一样方便的新纪元。他是“把中国带入信息时代的人”。
13	王永庆	生前曾任台湾塑胶工业股份有限公司董事长、台塑集团董事长	从一个卖米的伙计成为一个企业教父式的人物，他是台塑集团的创始人，他是台湾的“经营之神”，他是台商投资大陆的领头人。
14	王永寿	曾任无锡漂染厂厂长	改革之初就带领全厂狠抓质量关、接轨国际市场。多出口、多创汇提高了经济效益，闯过了物价和工资两道绕不开的改革难关。
15	王纪年	许继集团董事长、总裁	儒雅的学者型厂长，改革开放时期科技发展道路的圣徒；有魄力的改革企业家，带领着旗下的电力王国蒸蒸日上。
16	王林祥	曾任内蒙古伊克昭盟羊绒衫厂厂长，现任鄂尔多斯羊绒制品股份有限公司董事长	他从寒冷、贫瘠的中国经济的“苦寒之地”把温暖带给人间，他把同行业的竞争对手远远地甩在了后面。
17	王宪章	曾任中国人寿保险公司总经理，现任中国保险业协会会长	把中国人寿带上一条适应市场经济竞争的现代企业之路，带领中国人寿逐步向多元化、国际化、现代化金融集团迈进。
18	王健林	大连万达集团董事长	他在全国首创了“订单商业地产”的全新模式，开拓了民企海 外募资的全新路径，热心于文化体育事业。
19	牛文元	中国科学院科技政策与管理科学研究所研究员、教授	中国最早投入可持续发展领域的先锋与开创者；他的研究成果和理论主张为促进中国乃至世界的可持续发展做出了重要贡献。
20	牛根生	内蒙古蒙牛乳业（集团）股份有限公司董事长	他创立蒙牛集团，用短短三年时间创下了震惊业界的成长纪录，处处显示出独特的经营智慧。
21	冯根生	曾任杭州第二中药厂厂长，现任中国（杭州）青春宝集团有限公司董事长	敢于创新敢于突破传统的他将一个传统中药小作坊打造成了全国中药业的领军者，重振胡庆余堂的光辉

续表

序号	姓名	职务	入选理由
22	石山麟	昌宁集团董事长	昔日反对“四人帮”的狱中犯，用他发明的高压水泵为中国平地而起的高楼大厦输送着汩汩清泉，解决了千家万户的用水问题。
23	史玉柱	巨人投资有限公司董事长、巨人网络集团有限公司CEO	在中国经济改革的浪潮中，他无疑是具有传奇色彩的创业者之一；他再次崛起的故事，突显出“毅力与执著”的魅力和价值。
24	宁高宁	曾任香港华润集团有限公司总经理，现任中粮集团董事长	他率领华润集团进行内部的重组和变革，在中国内地市场并购和扩张；他是用金融资本整合产业资本的探索者。
25	邓中翰	中星微电子有限公司董事局主席	他领导研发“星光”系列“中国芯”，彻底结束了“中国无芯”的历史；中星微也成为中国首家拥有核心技术和自主知识产权在美国上市的IT 企业。
26	厉以宁	北京大学光华管理学院名誉院长、教授、博导	他发展了非均衡经济理论；提出用股份制改造中国经济的构想，提出了企业改革主线论的主张。
27	刘永行	希望集团创始人	他们是中国的实业英雄，他们缔造的希望集团，用光彩点亮人们的致富梦想，让新希望扎根新农村。
28	刘存周	曾任哈药集团有限公司董事长、总经理，现任中国医药集团董事长	他被业界人士誉为“哈药教父”和“中国医药行业的比尔·盖茨”，他是医药行业家喻户晓的教父级管理者之一。
29	刘国光	中国社会科学院特邀顾问、研究员	他提出“双向协同、稳中求进”的改革战略、经济体制和经济发展两重模式转换以及由此引出的两个根本性转变的主张。
30	年广久	“傻子瓜子”公司创始人	被誉为“中国第一商贩”，在邓小平同志三次“关照”下，瓜子生意红红火火。他命运的起承转合暗合着改革过程中个私经济的发展进程。
31	成思危	全国人大常委会副委员长	他素有“中国风险投资之父”之称，推动中国风险投资事业的发展；关注证券市场的发展，为保护投资者权益大声疾呼。
32	关广梅	辽宁本溪蔬菜公司东明商业集团总经理	承租多家商店的成功，为她赢得了租赁企业家和女改革家的称号，也让她成为了“资”“社”问题的焦点。

续表

序号	姓名	职务	入选理由
33	任正非	华为技术有限公司总裁	他对企业目标的界定，对企业管理的创新，对智力价值的承认，开创了中国民营企业之先河；他是中国的商业思想家和战略家。
34	江平	中国政法大学终身教授、博导	他是我国民商法学的主要奠基人之一，建树卓著，为推动我国的立法工作做出了重大贡献。
35	朱树豪	香港骏豪集团主席	他用10年时间缔造了世界第一大高球球会，他主导着中国高尔夫产业水准的提升；他是中国体育产业和休闲产业的先行者。
36	李宁	北京李宁体育用品有限公司董事长	他创立了民族体育运动品牌和公司，结束了中国运动员在奥运会上穿着国外体育品牌服装的历史。
37	李书福	吉利控股集团有限公司董事长	第一个闯入汽车业的民营企业，创造了中国企业的多个第一，体现了一个企业家对产业发展的前瞻性和创新性。
38	李东生	TCL 集团股份有限公司董事长、总裁	带领TCL 成为知名民族品牌走向国际市场，其间的成败起伏都验证了李东生壮士断臂图再起的坚强品质。
39	李正治	曾任沈阳电工机械厂厂长	他是最早通过竞争当上厂长的人，承包工厂，把竞争机制引入承包，“岗位靠竞争，收入靠贡献”，改革又因他多了一次有益的尝试。
40	李经纬	曾任健力宝集团董事长	他是“中国魔水”健力宝的缔造者，用了15 年的时间，斩获了饮料的民族金牌。他也是“李宁”这一中国民族运动品牌的导师。
41	李家祥	曾任中国国际航空股份有限公司董事长，现任国家民航总局局长	开启亚洲航空史上最大的一笔重组，揭开了全球航线大联动战略；积极推进改革重组，使国航服务水平进一步提高。
42	严俊昌等18 位小岗村农民		18 位农户，冒天下之大不韪提出了“包产到户”，揭开了中国农村改革的序幕，从此小岗村成为中国农村改革的发源地。
43	杜聆	曾任衡阳变压器厂厂长	“女杰”、“女强人”的称呼伴随着这位优秀女企业家，她向人们证明，改革的大潮中，巾帼不让须眉。

续表

序号	姓名	职务	入选理由
44	杜润生	曾任中共中央农村政策研究室主任、国务院农村发展研究中心主任	他倡导和推行农村经济改革、家庭联产承包责任制、推进农村经济的市场化进程；把小城镇问题放在城市化总体战略中考虑。
45	步鑫生	曾任浙江海盐衬衫总厂厂长	他是改革初期一位有独创精神的厂长，他解放思想，大胆改革的事迹振奋全国人心，唤起改革的热情，成为同时代的企业家学习的榜样。
46	吴仁宝	曾任江苏江阴县华士公社华西大队党支部书记，现任华西集团公司副董事长、副总经理	他是“天下第一村”的领头人和缔造者，他和华西村成为社会主义新农村建设的典范。
47	麦伯良	中国国际海运集装箱（集团）股份有限公司总裁	十六年前他把握住了集装箱生产中心转移的趋势，经过十六年的顺势而行和自强不息，他带领中集稳居在同行业世界第一的位置。
48	汪海	曾任青岛橡胶九厂厂长，现任双星集团总裁兼党委书记	他带领着双星成为民族品牌的佼佼者、国有企业改革的领头羊，汪海“敢为天下先”的性格和企业家风采也在这一历程中展露无遗。
49	吴敬琏	国务院发展研究中心研究员、全国政协常委兼经济委员会副主任、北京大学经济学院教授	他始终鲜明地坚持市场取向的改革主张；提出要建立在法治基础上的市场经济，警惕滑入“权贵资本主义”的泥坑。
50	求伯君	金山集团董事长	他是中国第一程序员，民族软件的一种象征，成功开发国内第一套文字处理软件WPS，是一位奋勇向微软挑战的斗士。
51	张茵	东莞玖龙纸业有限公司董事长	她是从回收废纸中走出来的中国第一位女首富，也是世界上最富有的女性白手起家者，更是中国循环经济发展的践行者。
52	张兴让	曾任石家庄第一塑料厂厂长	“人尽其力、物尽其用、时尽其效”的“满负荷工作法”使他风靡全国；首创企业联盟享有“张联合”的美称。
53	张树新	曾任瀛海威信息通信公司总裁，现任联和运通控股有限公司董事长	“中国离互联网还有多远？”她用自己微薄的力量推动了整个中国互联网事业的发展，她是中国互联网春天的报喜鸟。

续表

序号	姓名	职务	入选理由
54	张维迎	北京大学光华管理学院院长、教授、博导	他第一次提出并系统论证了双轨制价格改革的思路，最早研究企业家的学者，提出“学而优则商”的观点，指出造就企业家队伍的关键是产权改革。
55	张瑞敏	曾任青岛电冰箱总厂厂长，现任海尔集团CEO	他把一个企业从产品制造商变为品牌创造者，他缔造了让国人引以为傲的国际家电品牌，他和海尔成为经典的MBA 案例为人追捧，他是“中国的经营大师”。
56	邵逸夫	香港电视广播有限公司主席，邵氏兄弟电影公司的创办人之一	他是中国电影事业名符其实的拓荒英雄，在中国电影史上写下了诸多“第一”和“之最”；他还是一位慈善大家，平均每年都拿出1 亿多元用于支持内地的各项社会公益事业。
57	宗庆后	娃哈哈集团有限公司董事长、总经理	他创造了娃哈哈品牌，他捍卫着这一民族品牌。他被称为中国企业家中的“民族英雄”。
58	竺延风	曾任中国第一汽车集团公司总经理，现任吉林省副省长	儒雅的少帅，挥动着一汽长剑，在世界舞台上寻求着中国制造的辉煌。他要让国人驾驶着民族品牌的汽车“动居乐业”。
59	柳传志	曾任联想集团总裁，现任联想控股公司总裁	柳传志的贡献在于，他摸索出了中国在计划经济向市场经济转轨中民营高科技企业的发展道路。
60	苗圩	曾任东风汽车公司总经理、现任武汉市委书记	他率领东风公司走出困境、与国际知名汽车生产企业合作；他力主东风跳出山沟，走向国际化。
61	林毅夫	北京大学经济研究中心主任、教授、博导	他长期关注中国经济的改革与发展，建立“比较优势发展战略理论”，他是建设社会主义新农村的最早提出者。
62	周厚健	海信集团董事长	成功研制高科技芯片；带领海信发展成为多产品门类、全球化经营的大型企业集团。
63	周瑞金	曾任《解放日报》副总编辑	他以“皇甫平”的笔名，主持撰写《改革开放要有新思路》等四篇评论文章，为推动中国第二次思想解放运动的进程鼓与呼。
64	陈峰	曾任海南航空股份有限公司董事长，现任大新华航空董事长	凭借其在航空和资本运作方面的两手才能，陈峰以其敢为天下先的勇气为中国民航体制改革之路进行了重要探索。
65	陈春先	生前为华夏新技术开发研究所创始人	他的科学研究，填补了国内一项科研空白；他的创业成果，衍生出了闻名中外的“中关村电子一条街”，他是我国“民营科技第一人”，也是名副其实的“中关村第一人”。

续表

序号	姓名	职务	入选理由
66	经叔平	曾任中国民生银行董事长、全国政协副主席	几乎所有的经济所有制形式他都身体力行过；他催生了新中国第一家民营股份制商业银行，被认为是一位义无反顾的“破冰者”。
67	胡茂元	曾任上海汽车工业集团总公司总裁，现任上海汽车集团股份有限公司董事长	他并购韩国双龙、合作英国罗浮，他带领上汽驶入世界五百强，他要成就上汽和中国车业自主品牌的梦想。
68	胡福明	曾任南京大学哲学系副主任	他撰写《实践是检验真理的唯一标准》一文；引发了真理标准大讨论，在当时的思想解放运动中产生了历史性重大影响。
69	胡鞍钢	清华大学公共管理学院教授、博导，中国科学院—清华大学国情研究中心主任	他系统地从事中国国情研究，为决策提供了重要的参考，也产生了广泛的社会影响和效益；他是这一新领域的主要开拓者。
70	郎咸平	香港中文大学财务学系讲座教授	他是最早公开对产权改革提出批评的人，并深入研究国有资产流失问题；主张以职业经理人制度和建全信托责任解决国有企业竞争力不足的问题。
71	南存辉	正泰集团公司董事长	他是温州二次创业的杰出代表，由他率领的正泰集团从一个家庭作坊迅速发展壮大成为大型现代企业集团，被誉为新温州模式的缩影。
72	荣毅仁	生前曾任中国国际信托投资公司董事长、中华人民共和国国家副主席	“面粉大王”、“棉纱大王”、“红色资本家”，他和荣氏家族从来不乏这样的王牌称号。他是中国企业家的榜样，是中国人的骄傲。
73	施正荣	无锡尚德电力控股有限公司董事长	他是新能源领域的先行者；缩短了中国光伏产业与世界的差距，创业4年便问鼎纽交所。
74	俞敏洪	新东方教育科技集团董事长	从一个普通教员成为“留学教父”，并把一个梦想变成了影响无数人的产业，推动了中国留学教育事业的发展。
75	侯为贵	中兴通讯股份有限公司董事长	他强化内部管理、成功打入国际市场；保持稳健和务实的经营作风，用行动追逐强国之梦。
76	耿昭杰	曾任第一汽车集团公司总经理、董事长	“血管里都燃着汽油”的老帅，主掌中国最大的汽车工业集团长达14年，开创了一汽集团的一段盛世——耿昭杰时代。

续表

序号	姓名	职务	入选理由
77	段永基	四通集团董事长	一位“威高权重”的企业家，备受推崇的民营企业精神领袖；“中关村的里程碑式人物”，见证了中关村的成长，他是中关村公认的“村长”。
78	郭凤莲	曾任大寨公社党委书记，现任大寨党总支书记、经济开发总公司董事长	昔日的“铁姑娘”接过大寨的旗帜，一如既往地求发展，她为大寨开启了新的繁荣。
79	倪润峰	曾任长虹电器股份有限公司董事长	长虹由一个生产军品的企业起步，是他使长虹成为民族品牌的代表，成为国内家电行业的一杆大旗。
80	凌文	中国神华能源股份有限公司执行董事兼总裁	中国第一位从人才市场选聘到央企的“空降兵”，缔造了世界第一大煤炭公司，树立了国有企业改革的成功典范。
81	高尚全	中国经济体制改革研究会会长、浙江大学工商管理学院院长	他率先提出“劳动力市场”的概念；提出了“以民为本”和“民本经济”的理论；是最早提出政府治理改革的学者之一。
82	高德康	波司登股份有限公司董事长	在持续的创新与探索中确立了行业的领军地位，同时带动了百万农民致富。为全国服装行业做出了卓著贡献。
83	袁庚	曾任深圳蛇口开发区管委会书记、招商局局长、中集集团董事长、招商银行董事长	蛇口是他献给改革开放的“试管”，培育出了赤湾港、中集集团、招商银行、平安保险等当然还有那句“时间就是金钱，效率就是生命”的口号。
84	袁仁国	贵州茅台酒股份有限公司董事长	在中国最古老的行业，对最古老的品牌，注入科技含量，进行了文化提升，同时获得了证券市场的高度认可。
85	袁隆平	国家杂交水稻工程技术研究中心主任	他是世界著名的杂交水稻专家，是我国杂交水稻研究领域的开创者和带头人；为我国经济社会发展和人类文明进步做出了重要贡献。
86	黄鸣	皇明太阳能集团有限公司董事长	他是中国能源环境立法的推动者，《中华人民共和国可再生能源法》的主要提案人；太产业化的开拓者。
87	黄关从	曾任上海第二纺织机械厂厂长，现任民建中央副主席等职	他将“二纺”扭亏为盈并成功地进行了股改，又请缨掌舵中国纺织机械厂。如今从政的他，从未停止过对中国改革与经济发展的贡献。

续表

序号	姓名	职务	入选理由
88	黄光裕	国美集团总裁、北京鹏润投资有限公司总裁	他熟练运用商业资本，高效管理物流系统，打造连锁家电品牌，给消费者带来实惠；改变了中国零售业的游戏规则。
89	陶建幸	曾任春兰制冷设备有限公司董事长、总经理，现任春兰公司董事局主席兼CEO	学数学的他成为了企业家，凭着对技术的追求、强烈的自尊心和宁静致远的企业家气质，他带领春兰成为中国制造行业自主创新的典范。
90	梁稳根	三一集团董事长	他从砸掉铁饭碗到艰苦创业，这位“中国民营重工第一人”为中国工程机械赢得了国际声誉；第一家推出股权分置改革方案。
91	萧灼基	北京大学经济学院教授、博导	他第一次提出并系统论证了国有企业所有权和使用权（经营权）的改革。建言取消农业税，认为对农民补偿不是恩赐，而是“利益回归”。
92	谢企华	曾任宝钢集团公司董事长、总经理	她有着独到的眼光和非凡的领导能力，“以柔克刚”的“钢铁女人”带着宝钢笑傲世界五百强。
93	谢国民	泰国正大集团总裁	他是华侨中的商业巨子，他也是商业巨子中的爱国华侨，掌舵着正大集团，心系着祖国故乡，他是改革开放后第一个投资国内的成功企业家。
94	董明珠	格力电器股份有限公司总裁	她摸索出一整套独创性的区域销售公司模式——“格力模式”，她是中国企业要弘扬“工业精神”的积极倡导者。
95	董辅礽	生前为中国社会科学院经济研究所研究员、中国社会科学院经济研究所名誉所长	他第一个提出了所有制改革问题以及实行“政企分离”和“政社分离”的政策性建议；在改革和发展的诸多领域都做出了开拓性的贡献。
96	曾宪梓	曾任金利来（远东）有限公司董事长，现任金利来集团有限公司董事局主席	他靠一把剪刀起家，创立了“金利来”王国，而金利来成就了曾宪梓的创建世界名牌的梦想。
97	温元凯	曾任中国科技大学讲师，现任北京南洋林德投资顾问有限公司总裁	他建议恢复高考制度，最早提出制定《企业破产法》和中国“创业板”的概念。
98	鲁冠球	曾任杭州万向节厂厂长，现任万向集团董事局主席兼党委书记	他把一个乡镇农机修配厂发展成为了中国第一个为美国通用汽车公司提供零部件的OEM，一个全世界闻名的现代企业集团，他是“中国企业常青树”、“农民理论家”。

续表

序号	姓名	职务	入选理由
99	薛暮桥	生前为中国科学院院士、中国价格学会名誉会长	他是经济决策咨询工作的一位卓越的开拓者和组织领导者；坚定地倡导和积极推动市场取向改革，率先提出从改革流通体制着手。
100	霍英东	生前曾任香港中华总商会会长、全国政协副主席	他是一个商业传奇，更是一位伟大的爱国者。

小贴士
Xiao Tieshi

"摸着石头过河"

20多年前在我们中国还没国际品牌概念的时候。一个叫皮尔·卡丹的法国设计师带着他的新作来到了中国，分别在北京工人体育馆和上海文化宫举办了专场时装发布会。他的发布会几乎成为所有中国人对国际品牌的第一印象，成为中国时装史的新起点。在随后的30年里国际著名服装品牌连续进驻中国，影响了中国人对穿衣的品位。

1.1978年Pierre Cardin（皮尔·卡丹）

2.1979年Montagut（梦特娇）

3.1980——1989年 国际品牌热

4.1990年Cartier（卡地亚）

5.1991年Zegna（杰尼亚）

6.1992年Louis Vuitton（路易·威登）

7. 1993年Burberry 巴宝莉

8.1993年 Chanel 香奈尔

9.1994年Hugo Boss 雨果·波士

10.1996年 GuCCi（古姿）

11.1997年Christion Dior（克里斯汀·迪奥）

12.1997年 HerMes 爱马仕

13.1998年Giorgio ArMani 乔治·阿玛尼

14.2000年 VersaCe 范思哲

15.2000年 Shanghai Tang 上海滩

16.2001年Tiffany 蒂芙尼

17. 2005年 Valentino（瓦伦蒂诺）

18.2006年 Prada 普拉达

19.2006年Zara

20.2007年 H&M

改革开放30年30名杰出人物

2008年12月，作为向改革开放30年的献礼，“中国改革开放30年论坛暨评选活动”评选出“中国改革开放30年30名杰出人物”，杜润生、于光远、季羡林、仇和、张海迪等人榜上有名。同时还推出了改革开放30年“30名经济人物”、“30名社会人物”和“30名农村人物”，优秀集体、创新案例和标志性事件各30个。

“30年30名杰出人物”名单

序号	姓名	职务
1	袁隆平	中国工程院院士、国家杂交水稻工程技术研究中心主任
2	杜润生	原中共中央农村政策研究室主任
3	吴敬琏	国务院发展研究中心研究员
4	厉以宁	厉以宁 北京大学光华管理学院名誉院长
5	柳传志	联想控股有限公司总裁
6	于光远	中国社会科学院原副院长、中国当代著名经济学家
7	袁　庚	蛇口工业区创始人
8	张瑞敏	海尔集团董事局主席、首席执行官
9	吴仁宝	江苏华西村原党委书记
10	王　蒙	文化部原部长，作家
11	张艺谋	广西电影制片厂电影导演
12	林毅夫	世界银行副行长兼首席经济学家
13	高尚全	中国经济体制改革研究会会长
14	邓亚萍	国家体育总局器材管理中心副主任
15	钟南山	广州呼吸疾病研究所所长、广州医学院院长
16	陈锡文	中央农村工作领导小组办公室主任
17	江　平	中国政法大学原校长、中国政法大学终身教授
18	李　锐	中组部原副部长
19	仇　和	中共昆明市委书记，江苏省宿迁市原市委书记
20	季羡林	北京大学原副校长、中国社科院南亚研究所原所长
21	王　石	万科企业股份有限公司董事长
22	刘永好	四川新希望集团董事长、希望集团总裁
23	鲁冠球	万向集团董事局主席
24	任正非	深圳华为技术有限公司总裁
25	马　云	阿里巴巴集团主席兼首席执行官
26	龙永图	博鳌亚洲论坛秘书长、原外经贸部副部长
27	王大珩	中国科协原副主席、两院院士
28	李　灏	深圳市原市长、市委书记
29	张海迪	山东省作家协会副主席、中国残疾人联合会主席
30	郑必坚	中共中央党校原常务副校长

本次活动由中国经济体制改革研究会主办，中国经济体制改革杂志社承办。活动拥有阵容强大的官产学媒等领域的百名专家评委。于2008年4月中旬启动以来，历时半年多，经过对上万件候选资料的遴选，以及专家评委和网民以及短信方式的多轮投票，并经研讨会、论坛等多种形式的评议，获得最终的评选结果。

“中国改革开放30年30名经济人物”名单

序号	姓名	职务
1	张瑞敏	海尔集团董事局主席、首席执行官
2	柳传志	联想控股有限公司总裁
3	厉以宁	北京大学光华管理学院名誉院长
4	吴敬琏	国务院发展研究中心研究员
5	年广久	安徽芜湖个体户、“傻子瓜子”创始人
6	于光远	中国社会科学院原副院长、中国当代著名经济学家
7	袁　庚	蛇口工业区创始人
8	林毅夫	世界银行副行长兼首席经济学家
9	高尚全	中国经济体制改革研究会会长
10	鲁冠球	万向集团董事局主席
11	刘永好	四川新希望集团董事长、希望集团总裁
12	马　云	阿里巴巴集团主席兼首席执行官
13	宗庆后	娃哈哈集团有限公司董事长兼总经理
14	周小川	中国人民银行行长
15	樊　纲	中国经济体制改革研究基金会理事长
16	周其仁	北京大学中国经济研究中心主任
17	任正非	深圳华为技术有限公司总裁
18	王　石	万科企业股份有限公司董事长
19	李　宁	李宁体育用品有限公司董事长
20	步鑫生	原浙江省海盐县衬衫总厂厂长
21	马胜利	石家庄造纸厂原厂长
22	张朝阳	搜狐公司董事局主席兼首席执行官
23	史玉柱	巨人网络集团董事长兼首席执行官
24	李书福	吉利集团有限公司董事长
25	戴相龙	全国社会保障基金理事会理事长
26	李彦宏	百度董事长兼CEO
27	刘德树	中国中化集团公司总裁兼CEO
28	李东生	TCL集团董事长兼总裁
29	张维迎	北京大学光华管理学院院长
30	段永基	四通集团董事长

"中国改革开放30年30名社会人物"名单

序号	姓名	职务
1	李银河	中国社会科学院社会学所研究员
2	钟南山	广州呼吸疾病研究所所长、广州医学院院长
3	王　蒙	文化部原部长，作家
4	张艺谋	广西电影制片厂电影导演
5	邓亚萍	国家体育总局器材管理中心副主任
6	龙永图	博鳌亚洲论坛秘书长、原外经贸部副部长
7	江　平	中国政法大学原校长、中国政法大学终身教授
8	张海迪	中国残疾人联合会主席
9	仇　和	中共昆明市委书记，江苏省宿迁市原市委书记
10	雷　宇	原海南行政区党委书记兼行政区公署主任
11	厉有为	深圳市政府原市长、市委书记
12	郑必坚	中共中央党校原常务副校长
13	季羡林	北京大学原副校长、中国社科院南亚研究所原所长
14	李　锐	中组部原副部长
15	俞敏洪	新东方教育科技集团董事长兼总裁
16	胡舒立	《财经》杂志主编
17	袁伟民	国家体育总局原局长、国家女排原主教练
18	冯骥才	中国文联副主席、中国民间文艺家协会主席
19	李　灏	深圳市原市长、市委书记
20	王大珩	中国科协原副主席、两院院士
21	周瑞金	《人民日报》原副总编辑
22	俞可平	中共中央编译局副局长
23	李毅中	工业和信息化部部长，国家安全生产监督总局原局长
24	任志强	北京市华远集团总裁
25	吴南生	中共广东省委原书记
26	胡福明	江苏省政协原副主席，南京大学原哲学系教师
27	周　强	湖南省省长、团中央原第一书记
28	刘道玉	武汉大学原校长
29	吴明瑜	中国科学院政策研究室原主任
30	王振耀	民政部救灾救济司司长

“中国改革开放30年30名农村人物”名单

序号	姓名	职务
1	袁隆平	中国工程院院士、国家杂交水稻工程技术研究中心主任
2	杜润生	原中共中央农村政策研究室主任
3	陈锡文	中央农村工作领导小组办公室主任
4	李昌平	河北大学中国乡村建设研究中心主任
5	吴仁宝	江苏华西村原党委书记
6	刘永行	成都希望集团董事长
7	陆学艺	中国社会科学院研究员
8	郭凤莲	山西省大寨村党总支书记
9	韩　俊	国务院发展研究中心农村经济研究部部长
10	王郁昭	原中共中央农村政策研究室副主任
11	马小朵	农民工代表，北京“同心希望家园”创办人
12	朱新礼	汇源饮料食品集团有限公司党委书记、董事长兼总裁
13	徐文荣	浙江横店集团董事长、总裁
14	王乐义	山东省寿光市孙集镇三元朱村党支部书记
15	胡小燕	农民工，十七大代表，广东三水区新明珠建陶工业有限公司员工
16	周海江	江苏红豆集团总裁
17	于建嵘	中国社会科学院农村发展研究所研究员
18	李振声	中国科学院院士
19	周善清	山东省高唐农民律师
20	陈定模	浙江省温州市苍南县原龙港镇党委书记
21	张锦明	中共四川省雅安市委副书记
22	吴栋材	江苏省张家港市南丰镇永联村党委书记
23	王小强	国家税务总局《中国税务》杂志社研究员
24	孙孟全	山东省鲁花集团有限公司董事长
25	田　雄	北京韩建集团有限公司党委书记、董事长
26	常光南	原中共四川省广汉县委书记
27	宋亚平	湖北省委政策研究室副主任
28	杜晓山	中国社会科学院农村发展研究所副所长
29	张玉玺	北京市丰台区新发地村党委书记
30	杜瑞芝	原广东省农业委员会主任、省顾问委员会副主任

小贴士 Xiao Tieshi

推动中国时尚进程十大人物

皮尔·卡丹：中国第一个国外名牌

羽西：第一个国际公关人士

李小白：中国第一模特教父

蔡伟志：第一时尚策划人

马艳丽：第一个以己为名的品牌超模

胡兵+瞿颖：第一对横跨娱乐时尚界黄金搭档

李学庆：第一个中国男色代言人

杜鹃：第一个世界级中国女模

张梓琳：第一个世界选美冠军

溯史倒评年度人物

人是历史的刻度。《南方周末》推出年度人物评选，向推动历史进程的人物致敬，值此改革开放三十年之际，溯史倒评年度人物，彰显三十年的艰辛与荣耀。

1978年度人物：中共元老

这是从未有过的景象：一批老人扭转了一个十亿人口国家的政治走向，推动中国进入改革开放高歌猛进的80年代。他们的政治影响，在此后的权力格局与走向中，持续发挥着关键性作用。

1979年度人物：张志新／任仲夷

在依然严峻的政治空气下，任仲夷果敢地绕过“禁区”，为张志新平反定调。张志新对常识的坚守、冲破思想奴役的勇气,强烈地撼动着一个盲从时代的麻木民族。

1980年度人物：袁庚

改革开放30年后回看袁庚的改革举措，不少已经成为简单的常识，但很多政治改革方面的尝试，至今仍是没有被逾越的高峰。

1981年度人物：杜润生

过去30年，农村家庭联产承包责任制是对中国现实影响最大的原创经济理论，而杜润生及麾下的研究组正是这一理论的贡献者。

1982年度人物：邓丽君

在那个解放与压抑进行拉锯的时代，她的歌声象征了人们对私人生活解放的渴求。

1983年度人物：吴仁宝

1983年，吴仁宝领导的华西大队更名为华西村，从发轫于斗争哲学的“大队”进化为起源于建设哲学的“村”，不仅标志着中国乡村治理方式的变迁，还标志着吴仁宝个人历史的转折。

1984年度人物：郎平

1984年，郎平率领中国女排勇夺奥运会冠军，女排神话攀至顶峰，国庆35周年游行时，郎平站在花车里，作为民族英雄接受山呼海啸式的欢呼——之后再无运动员享受过如此荣耀。

1985年度人物：尧茂书

当心灵解放的冲动恰好结合国家使命的时候，尧茂书命丧“长漂”的悲剧，成就了最完美的人生价值。他们的一腔热血，染红了太过平淡的历史。

1986年度人物：崔健

牛鬼蛇神也好，过度阐释也罢，崔健的声音，是在一片沉默的憋闷中突然爆发出的那种喊叫，听听他有多憋，听听他有多激荡，正是中国人感受到的最切身的现实处境，更是“当时中国唯一可以胜任启蒙的艺术形式”。

1987年度人物：王选

两个时代正在他脚下延伸：一是技术意义上的汉字信息处理与印刷革命，二是应用意义上的将这一成果最大化地推向市场，完成“惊世骇俗”的商业飞跃。

1988年度人物：张艺谋

《红高粱》成为了“文革”后第一部在美国院线上映的中国电影，为中国电影赢得有史以来最高的国际荣誉，西方人对中国电影第一次刮目相看。

1989年度人物：海子

1989年，海子死了。他的死似乎是在为那个时代注脚：理想主义的20世纪80年代结束了。

但无论所身处的现实如何，海子仍在用他的诗句提醒，我们依然可以追寻这样一种可能：“从明天起，做一个幸福的人”。

1990年度人物：王朔

更多的人没什么学问可做，或者也不想装，发现有一种姿态最合适，那就是不跟你玩正经的。但是，这些东西怎么能够满足对20世纪80年代百家争鸣的情状心怀幻想的知识分子呢？学界深表忧虑，王朔则回以讥讽。其实他大可不必忿然，与其说是在说他，不如说他们是在担心自己，为知识分子和社会环境的关系感到焦虑。

1991年度人物：吴敬琏

“知我者谓我心忧”，在当年的坚持已成为今天的现实后，年近80岁的吴敬琏仍以知识分子的坚守进行反思。他呼吁政治改革要和经济改革同时推进，要建设一个能够为市场机制提供支持的制度平台。

1992年度人物：邓小平

“南方谈话”并不是一趟像表面看上去那么轻松惬意的旅行，它的目标不是促使改革加速，而是确保改革的持续。“南方谈话”讲话正是中国此后16年历史的基因。这就是88岁的邓小平做到的事情：改变历史。

1993年度人物：汪道涵

对民族的认同，不同于对政党政府的认同。历史的限制，令汪道涵,以及他对岸的朋友辜振甫无法在政党政府的层面上做出更大的贡献，但在民族感情的层面上，他们已经达到了令后人仰视的高度。正是因为这份同文同种同历史同未来的感情，令两岸关系在经历了数次风雨后，依然能重新回到汪辜二老15年前共同铺就的轨道上。

1994年度人物：梁从诫

梁从诫1994年创办中国第一个民间环保组织“自然之友”，成为中国非政府组织的精神源头。

他开展了保护滇西北原始森林、保护藏羚羊与可可西里的反盗猎行动。

他和自然之友的呼号最早引发了全社会对环境问题的注意。

1995年度人物：王海

1995年，王海依据消费者权益保护法，在国内开始购假索赔，随后带动了一批个人打假索赔者，掀起了“王海现象”。

王海的行为从一开始就颇具争议，并最终导致“王海现象”的终结。但在官方的鼓励下，在消费领域迅速唤醒了中国消费者的依法维权意识，进而扩展到社会的各个层面，促成国人开始养成法治社会框架内的良性博弈习性。

1996年度人物：陈光

1996年，中央调查组调查颇受争议的山东诸城“卖光国企”事件，最后的结论是：诸城的改革，方向正确。后朱镕基也对这一做法表示肯定。至此，被冠上了“陈卖光”的诸城市长陈光才松了口气。

1992年开始，山东诸城市长陈光主导，对诸城市282家国有和集体企业全部改制，15个月内，基本全“卖给”了内部职工。这一改革引起了广泛争论，直至国务院调查组给出定论方止。

此后，国企改制在国内全面展开。陈光的尝试，启动了中国国有企业现代化改革的征途。在一定意义上，陈光不失为国企产权改革的先驱。

1997年度人物：江泽民

1997年夏，春天里送别邓小平的江泽民，迎来了香港回归，兑现了不做李鸿章的誓言。接踵而至的秋天，他作完十五大政治报告，平息了邓小平之后的道路该怎么走的疑虑。

在此之前的1992年，江泽民已在十四大明确提出建立社会主义市场经济体制。在此之后的几年，他又大力推动中国加入WTO，使中国历史性地迈入全球化。

1998年度人物：朱镕基

1998年春天，朱镕基迎来了他的政府首脑时代，在中国改革的攻坚阶段，他率领新一届中央政府义无反顾地冲进改革的“深水区”。

他在全国人民代表大会上提名被通过时躬身致谢的平和，他在记者招待会上藐视“地雷阵”不惧“万丈深渊”的悲壮，已定格成一张时代的面孔。

1999年度人物：刘丽英

1999年始发的沈阳“慕马”案震惊全国，主办者刘丽英也因此再显锋芒。

她坚决如铁的反腐表现，迎合了民间对腐败痛心疾首的情绪，刘丽英从此变成了“传奇”。同年案发的“远华案”尽管非刘丽英所办，但民间却把她误传为主办者。

因为在民众的感性认识上，“刘丽英”就是“反腐败”的代名词。

2000年度人物：李昌平

湖北省监利县棋盘乡原党委书记。他秉持一个基层官员的良知与责任感直接上书国务院领导，痛陈农民生活贫苦与农村不容回避的问题，在当地引发了一场自上而下大刀阔斧的改革。

2001年度人物：龙永图

中国加入WTO中方首席谈判代表,首次在谈判中使用“双赢”概念,坚持以平等的态度谈判，巧妙掌握“让步”与“原则”的分寸，为中国成功“入世”立下汗马功劳。

2002年特别评选：胡锦涛

人们选择他,其实是推选以他为总书记的新一代中央领导集体。中国人民在享受13年发展成果的同时，也清楚地看到一系列艰巨的历史性任务有待执政党在新的中央领导集体的领导下去完成，十六大所描绘的20年全面实现小康蓝图又必须以此为前提去实现。

2002年度人物：王选

2002年“只要有两个王选这样的中国女人，就可以让日本沉没。”美国历史学家谢尔顿如是说。其时，这个弱女子同日本政府进行了8年“抗战”，她试图让人们明白：日本细菌战的罪恶不大白于天下，人类文明史将蒙羞。

2003年度人物：钟南山

“搞好我们的业务工作，以及做好防治疾病，这本身就是我们最大的政治”——他是一位院士，但在2003年的SARS战中，他更是一位战士，勇敢直言，不讳上不畏权，表现了一位知识分子的良知和责任。

2004年度人物：李金华

作为这一年“审计风暴”的直接策动者，国家审计署审计长李金华尤为外界关注，舆论一方面对他的“铁面审计长”形象不吝赞美之词，也对建立在个人勇气上的“审计风暴”存有疑虑。

2005年度人物：连战

曾在选举中两度落败,但在距离政坛终点不远时，果敢挺身来到大陆，与中国共产党的最高领导人共商两岸和平大计。外界评价曰，“台湾玩‘输了’的政治人物，放在大陆的政治环境中，品质反而折射出现。”然而，连战不挟此自重，又躬退国民党主席之位，既开风气，也拓国民党改革之路。

2006年度人物：陈冯富珍

她是第一位担任世界卫生组织总干事的中国人，也是自1971年中国在联合国恢复合法地位以来，第一位领导这一级别国际组织的中国人。作为香港卫生署前署长，她在1997年禽流感、2003年SARS疫情中展现出来的敬业、果敢和干练，让人尊敬。

2007年度人物：厦门人

他们原本素不相识，但在PX风波中，他们为了自己和这座城市的利益，聚集到了一起。令人难忘的还有厦门市的政府官员，对民意由堵至疏，及至良性互动。厦门人不认为自己做了惊天动地之事。但或许，如果足够幸运，他们的行动，会帮助中国敲开现代公民社会的大门。

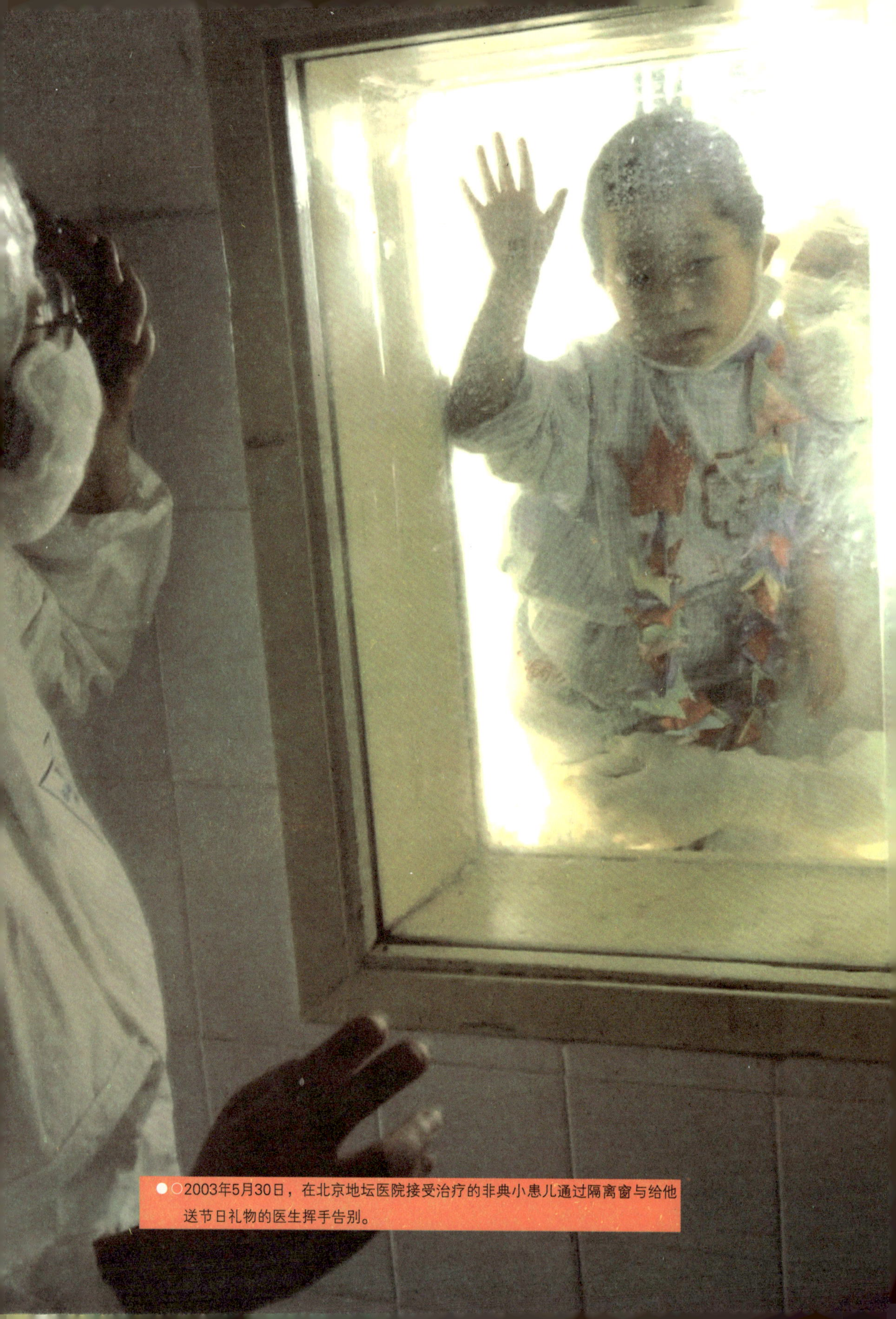

●○2003年5月30日，在北京地坛医院接受治疗的非典小患儿通过隔离窗与给他送节日礼物的医生挥手告别。

商业十大启蒙家

王石

他身处中国最具政商色彩的行业，却从踏入这个行业那天起，坚持不行贿。他几乎带着悲壮感地去尝试在中国实现诞生于基督教文化的现代企业制度，却始终坚持大股东为国有企业。他最早明晰企业产权、最早踏足资本市场，完全西化；却在财富观上极端东方——西方先赚钱后捐钱，他直接放弃财富。

柳传志

30年企业史，英雄辈出，他贯穿始终，是公认的“教父”。因为他带出了中国第一家真正意义上的500强公司，因为他在24年的企业家生涯中安渡了无数让同辈人折翅的激流险滩，因为他那些朗朗上口广为传播的管理箴言，因为他治下的联想是国内最透明的公司。

任正非

他以对内部员工近乎残酷的要求和对竞争对手血战到底的意志而著称，而他在撰写《北国之春》一文时，却展现出令人困惑的优雅和斯文。他在华为内部大搞政治思想教育、群众运动、不拘一格论功行赏、集中精力办大事，同时却不惜成本地引进西方现代的财会、管理、行政、培训和运营的系统。任正非就是这样的矛盾统一体。

马蔚华

在华尔街,他的耐心与从容给人耳目一新的感觉,很难让人去想象他所管理的银行会有什么不可告人的东西需要隐瞒。在国内，他与政、商、学、演艺界都有广泛交游，“中正平和”和“弘毅”这样典型的东方特质令他在赢得朋友的同时，更从容地实践和推广着创新。

宁高宁

在很大程度上，不能不说宁高宁已经代表了一种符号、一面旗帜：具有典型职业精神和价值观念的新国企的企业家领袖——甚至也在一定程度上影响着中国商界职业经理人这个群体的成长和发展。

张朝阳

作为国内互联网行业的第一波创业者，张朝阳引领的搜狐在短时间内通过获得风险投资进而上市，完成一夜暴富。其把私有制这样一个西方两百年来被证明是非常成熟的机制，一步到位地在互联网领域实现了，让个人获得极大财富的一步到位模式合法化。

鲁冠球

鲁冠球的“猴经”有何秘诀呢？答案是一保一放。“保”是指保守，也指与当地政府之间维持一种长期的“联盟”关系——不过红线，但通过“多予少取”为以后的变通作烘托。

“放”是指扩张、多条腿走路，以及“少食多餐”式的海外并购。

李东生

与同辈相比，他没有在股份制改造中折戟沉沙，却饱尝国际化的挫折。公司的未来和个人的前途似乎都要葬送于国际化的企图之中，在压力和质疑之下，他依然认定，不走出去就没有出路。他选择如先贤曾国藩一样，认定目标后就坚忍不拔地去实现。

杰克·潘考夫斯基

他进入华尔街工作时，华尔街不过是个“小作坊”，他当时并没有迅速成为美国投行界的风云人物。不过，正是亲历了美国经济增长和资本市场不断完善的历史，使得他之后一到中国，就嗅出了中国市场的潜力和机会，也练就了一身为西方商人羡慕的从商本领，他称之为属于他自己的“中国功夫”。

郭广昌

出身贫寒的少年，成为200亿资产的控制人后，依然记得母亲最初的教诲，不该做的事情不要做。他说，“不公平赢得的东西我绝对不要。江湖上有句话说得很对，出来混总是要还的。你如果相信市场经济的原则，就要相信这一点。”

最经典的作品

2008
中国年谱
看这30年
Kanzhe 30nian

30年间最受关注的文艺作品

2008年12月11日的《南方周末》专题分析了改革开放30年来中国当代文艺的发展，并评出了一系列文艺十大作品。

艺术十大作品

"彩墨系列"

作者：吴冠中　类型：水墨

吴冠中的绘画充满了最能集中反20本世纪中国艺术面貌的各种特点，即东西方艺术的汇合及杂交。

《泼水节——生命的赞歌》1979

作者：袁运生等　类型：壁画

第一次用现代派手法在北京国际机场这样的公共场所的墙壁上展示女性裸体形象，但也由此在全国引发争论，以至成为政治的风向标，认为其预示了真正意义上的改革开放。

《父亲》1980

作者：罗中立　类型：油画

一反"文革"时期"红光亮"的虚假风格，第一次以216cm×152cm这样"伟人画"的尺寸真实地再现贫苦、沉默、任劳任怨的农民，在当时社会引起轰动，被誉为中国当代人像油画里程碑式的作品。

《西藏组画》1980

作者：陈丹青　类型：油画

西藏题材并非陈丹青的专利，但陈的《西藏组画》却将西藏题材提升到空前高度。他较早摆脱俄罗斯油画主题性创作模式的影响，以欧洲传统写实的笔法描绘藏民的日常生活。他笔下的藏民不再是载歌载舞的宣传符号，而是一种深沉、厚重的文化的载体，直接影响了"八五"新潮美术运动和以个性表达、批判社会为旨归的中国当代艺术的兴起。

枪击《对话》1989

作者：肖鲁　类型：行为艺术

两声枪响，直接导致1989年在中国美术馆举办的中国现代艺术展闭馆四天。将“八五”时期当代艺术家们彷徨、四处突围的状态表现得激进而又彻底。被誉为“新潮美术的谢幕礼”，把新潮美术的“临界点”又往前推了一步。

“大批判”系列1990

作者：王广义　类型：油画

王广义被视为中国波普艺术的标志性人物，他的“大批判”系列代表的政治波普是西方认识中国当代艺术的主要途径。

“血缘”系列1994

作者：张晓刚　类型：油画

忧郁的“全家福”承载了过去某个时代的精神信息，更重要的是作者对家庭的回望与咀嚼。“血缘”系列用在张杨电影《向日葵》当中，恐怕是最贴近画家本意的。但观者、市场的读解大都集中于时代，这只折射出社会仍更习惯于宏观叙事，欠缺更细微思索的闲情。

《走出巴颜喀拉》1998

作者：李伯安　类型：水墨

默默耕耘的艺术家倒在创作10年仍未完成的人物长卷前，他把自己融进了“巴

●○ 2006年5月20日，位于中国湖北省宜昌三斗坪的三峡大坝全线建成。

颜喀拉”寥廓无垠的圣境。过世之后，他被誉为20世纪中国最好的画家之一，他这幅长121.5米的长卷，被称为20世纪中国人物画的巅峰之作。在金潮涌动的当下，这样苦行僧式的艺术修炼因稀缺而更显珍贵。

《三峡大移民》2002

作者:刘小东　类型:油画

对三峡这一影响千千万万中国人生活的浩大工程以及此后随之改变的人文地理环境，刘小东本质上报以知识分子的怀疑态度。在宏大背景下，刘小东关注的目光，更多投在生存其间的平凡人身上，记述不可逆转的时代中，那些微小生命的莫名心绪。

奥运焰火2008

作者:蔡国强　类型:焰火

如果蔡国强愿意把奥运开幕式的焰火列入他2008年的作品年表，那无疑将成为他此生观看人数最多的作品———尽管对中国的电视观众来说这件作品的一部分被电脑动画给替换了。艺术成功地参与了国家一次志在必得的亮相，当然在许多另外的层面，艺术还应当有更多的作为，来更新一个国家的面貌。

音乐十大歌曲

《甜蜜蜜》1979　演唱者：邓丽君

邓丽君从未来过大陆，而当年在大陆，她的歌曾被当做“靡靡之音”乃至“精神污染”，普通的流行歌曲遂意外地获得强大的社会性——邓丽君成为一个时代的情感启蒙。

《之乎者也》1982　演唱者：罗大佑

情歌与社会批判、抒情与思头辨共冶一炉，华语流行音乐被罗大佑提升到一个新的高度。

《乡恋》1983　演唱者：李谷一

李谷一的歌声是那个刚刚解冻的年代初萌的感伤和欢乐，那些歌曾被斥为

"黄色歌曲"，这正证明"社会情感润滑剂"的强大功能。《乡恋》力排众议，登上首届春晚舞台。

《青苹果乐园》1988　演唱者：小虎队

台湾国语流行歌曲"登陆内地"的旗舰，开启了少年偶像组合文化之风气，其对青春发育期情欲浪漫直白的倾诉，更是令仍在晚会歌曲中摸爬滚打的内地少年面红心跳，恨不得揭竿而起。

《一无所有》1986　演唱者：崔健

1986年崔健唱出石破天惊的《一无所有》，直至1989年才推出了专辑《新长征路上的摇滚》，崔健空前地以摧枯拉朽顶天立地的"我"来高歌，淋漓尽致地表现了新时代自我的觉醒和个体的解放，一个摇滚歌手发挥了一般知识分子反而难以企及的对大众的启蒙作用。

《大地》1990　演唱者：Beyond

并非崔健和黑豹，而是Beyond最早将华语摇滚、重金属和原创乐队这些概念普及开，他们是最具影响力的华人乐队，《大地》是其巅峰之作，其咄咄逼人的少年沧桑和理想主义迄今仍令人动容。

《天空》1994　演唱者：王菲

王菲成为邓丽君之后一位新的流行天后，她唱出的是迥异于邓丽君天真时代的全新的都市心声：不仅仅是优美的，也是迷幻、浮躁乃至分裂的。

《孤独的人是可耻的》1994　演唱者：张楚

诗歌与民谣摇滚的惊世艳遇，充满了对时代变幻洞幽悉微的洞察力。

《爱在西元前》2001　演唱者：周杰伦

在华语流行乐盛极而衰、唱片业江河日下的新世纪，周杰伦以及他背后的创作者，尤其是方文山这样的歌词作者，多少引领了一个新的潮流。

《中国孩子》2007　演唱者：周云蓬

在并未广泛发行的情况下，《中国孩子》这首歌的广为传播是网络时代的奇迹，也是迫在眉睫的社会现实对音乐良知的紧急呼叫。

电影十大作品

《少林寺》1982　导演：张鑫炎

《少林寺》今天看显得稚拙。但当年的确使无数少年痴迷憧憬，幻想能身怀绝技扬善惩恶。个人英雄主义其实是某种意识形态要反对的，但在民间故事里它总是受到欢迎。能看到不说教的电影，肯定有解放思想的功劳。

《芙蓉镇》1986　导演：谢晋

对刚刚经历了沉浮起落、大悲大喜的，也许尚在迷惘中的中国人，《芙蓉镇》是励志，是解药，是对人性的坚决肯定。

《大决战》1991　导演：李俊等

改革中的中国，在“摸着石头过河”的跋涉中遇到了问题，总会本能地回头诉诸革命历史或伟人典范，以寻找信心和最正统的精神依靠。《大决战》等革命军事题材影片诞生于最需要依靠的时期，因此也最不惜工本。值得欣慰的是，此后的“主旋律”电影，已经愈发有意识地把伟人和典范写成人，而不是塑成神。

《霸王别姬》1993　导演：陈凯歌

三个“第五代”导演,田壮壮拍《蓝风筝》，张艺谋拍《活着》，陈凯歌拍《霸王别姬》，都用个体的命运贯穿了1937年、1945年、1949年、1958年、1966年这几个当代中国的重要年份。只有《霸王别姬》能在国内公映，也是唯一获得戛纳“金棕榈”的中国内地电影，什么时候再看，它都穿透你的内心。

《阳光灿烂的日子》1995　导演：姜文

对往昔的深情缅怀，多少是因为对当下感到不适。变革中的社会可能给姜文、王朔们带来了优裕得多的生活，同时却让他们感到远离了某种理想，不再幸福。正如姜文旁白所说：当回忆在脑子里重新浮现，真实和幻想往往搅和到了一起。谁不是在回忆里重新构架起自己的过去，谁又不是在虚幻里感受到属于自己的真实?

《大话西游》1995　导演：刘镇伟

电影在国内上映时没有什么反响，却在世纪末变成大学生的语录和暗号，不知道是可耻的。爱情和无厘头都是大学生所爱，但在日后，无厘头将是他们更需要的。因为这时候上大学越来越容易，进社会却好像越来越难。

《小武》1998　导演：贾樟柯

《小武》的主角是个没意识形态、没地位、没前途的小混混，这就足够“惊世骇俗”的了。这之后越来越多边缘人物进入独立电影的人物谱系：进城务工者、小偷、妓女、矿工，与此相应的是没落的工业城市、封闭的小县城、贫穷的乡村、荒凉的矿区。“第六代”在1976年终结了他们的童年，1989年终结了青春，电影审查部门终结过好几位的导演权，还好他们没有终结自己的思考。

《英雄》2002　导演：张艺谋

《英雄》开辟了国产电影的“大片”类型，也的确鼓舞了国产电影对市场的信心。虽然这个类型的可持续性如何尚未可知，但人民显然都很愿意等着瞧。

《疯狂的石头》2006　导演：宁浩

同为现实题材的喜剧片，《疯狂的石头》比《甲方乙方》更社会，更民间。电影触碰社会现实，一直并不受到鼓励，“石头”的公映让人感到一些欣喜，同时也为这类电影的“可持续性”感到担心。

《色,戒》2007　导演：李安

《色,戒》像镜子，照出当下内地对电影的态度。因为没有立法和分级，要修剪掉性和暴力，原版爱好者移步香港；因为自己过去把电影当做宣教，如今对别人电影里所谓的“历史观”、“民族性”高呼警惕。

小贴士
Xiao Tieshi

“改革开放30年 那些记忆犹新的经典电影”

《教父》	《瞧这一家子》	《妈妈再爱我一次》	《霸王别姬》	《泰坦尼克号》
《星球大战》	《庐山恋》	《红高粱》	《阳光灿烂的日子》	《黑客帝国》
《追捕》	《第一滴血》	《警察故事》	《肖申克的救赎》	《卧虎藏龙》
《桥》	《新蜀山剑侠》	《英雄本色》	《大话西游》	《大腕》
《大篷车》	《芙蓉镇》	《顽主》	《勇敢的心》	《无间道》
《少林寺》	《咱们的牛百岁》	《古今大战秦俑情》	《007》系列	《哈利·波特》

戏剧十大剧目

《伽利略传》1979　编剧：布莱希特　导演:黄佐临、陈颙　剧团：中国青年艺术剧院

这是新时期第一次排演布莱希特的作品，导演为这部话剧提炼的主题是“打破神的权威，确立人的尊严”。伽利略的台词“需要英雄的民族是悲哀的”，在当时正在歌颂英雄的戏剧舞台上道出，振聋发聩。从此之后，布莱希特几乎成了中国戏剧人冲破现实主义牢笼的精神领袖。

《假如我是真的》1980　编剧：沙叶新　导演：汪人达　剧团：上海人民艺术剧院

该剧上演于1979年，根据真人真事改编，写的是无业小青年冒充高干子弟，到处招摇撞骗。当时，揭批“四人帮”和歌颂老一辈无产阶级革命家是话剧舞台的两大主题，《假如我是真的》却以诙谐幽默的方式，触及了体制问题。

《绝对信号》1982　编剧：高行健　导演：林兆华　剧团：北京人民艺术剧院

新时期第一个小剧场作品。舞台上，人物的对白、内心独白和人物两两之间的心理交锋，交替出现，以鲜明的舞台实践打破斯坦尼关于“演员和观众之间，不能直接交流”的清规戒律。

《WM(我们)》1985　编剧：王培公　导演：王贵　剧团：空政话剧团，上海人民艺术剧院

《WM(我们)》是一代知青的“青春祭”。

WM是我们，倒置的人和复归的人，男人和女人。剧本语言大胆泼辣，百无禁忌，剧中人可以当众放屁，换月经纸，可以对“批林批孔”和“伟大的上山下乡运动”大胆嘲讽；舞台呈现极富现代感，缚在演员手腕上的彩色布条代表了四季的流转，大地震来临的时候，舞台上一个倒挂的破板凳，极形象地传递出地动山摇。

《暗恋·桃花源》1986　编剧：赖声川　导演：赖声川　剧团：表演工作坊

一部以悲剧和喜剧的互相干扰为原动力的拼贴作品，导演赖声川主导的

“即兴创作模式”给正在萌芽的台湾新剧场带来新模板。该戏前后排演9个版本，其中1992年电影版，以盗版形式在内地广为传播，影响了一代内地文化人。2006年《暗恋·桃花源》内地版，目前巡演已过百场，再掀高潮，有评论将其与《茶馆》、《雷雨》并列。

《桑树坪纪事》1988　编剧：陈子度、杨健、朱晓平　导演：徐晓钟　剧团：中央戏剧学院

“寻根戏剧”的集大成者。也是徐晓钟导演作品的代表作。在桑树坪这个贫穷的乡村里，人们既是苦难的承受者也是围观者。“歌队”在舞台上被运用得相当贴切，每当他们围成一圈便是最冷漠的看客：男人用自己的妹妹换妻；丈夫让妻子当众脱下裤子……

《恋爱的犀牛》1999　编剧：廖一梅　导演:孟京辉　制作人：孟京辉戏剧工作室

“先锋”戏剧成功市场化的开端。

《生死场》1999　编剧：田沁鑫　导演：田沁鑫　剧团：中央实验话剧团

刀马旦出身的田沁鑫把中国戏曲之美得心应手地运用到舞台上，叙事不受时空之限，一个人想到什么，他的思绪就出现在舞台上；民族性格中的冷漠与血性像红高粱酿的烈酒泼洒在舞台上。

《切·格瓦拉》2000　编剧/导演：集体创作

2000年底戏剧舞台掀起“姓社姓资”的讨论，切·格瓦拉从此被制造成中国的一枚时尚符号。《切·格瓦拉》在戏剧形式上无多创新，它在世纪之交掀起的旋风，只是因为它一下子点到了时代的困惑，满足了被时代的风云际会吹乱了头发的普罗大众们表达和宣泄的愿望。

《厕所》2005　编剧：过士行　导演:林兆华　剧团：国家话剧院

在消费时代裹挟着人们的欲望如过山车一样，轰轰向前的时候，过士行发现了时代华丽袍子上的漏洞，并用充满东方式禅机和西方式荒谬的剧作，把日常生活的断裂呈现在舞台上。

小贴士 Xiao Tieshi

经典广告一瞥

燕舞，燕舞，一曲歌来一片情。

我们是害虫，我们是害虫，正义的来福灵，正义的来福灵，杀死，杀死！

每当我看到天边的绿洲，就会想起东方——齐洛瓦……

小男孩在海这边喊：美菱……小女孩在那边答：阿里斯顿……

托西吧，托西吧，新时代的东芝 。

电视十大节目

《射雕英雄传》 出品：香港无线电视翡翠台 年份：1982年

《射雕英雄传》这部武侠电视剧的影响至今依旧在继续，在电视圈内和观众心目中拥有极其崇高的地位。第一次让国人看到了香港电视剧，第一次有了偶像的概念，同时推动了内地的“金庸热”。

《春节联欢晚会》 出品：中央电视台 年份：1983年

开创电视时代节庆文化仪式。自打有了它，我们的除夕夜被改变了，之所以你现在经常骂它，正是因为这种改变。晚会已成为新民俗，是除夕夜必看的电视大餐。

《话说长江》 总导演：戴维宇 年份：1983年

中国中央电视台和日本佐田雅志企划社合拍的电视纪录片。地理、历史、文化、风俗、知识与趣味同在，开大型文化专题片先河。被称为“激动人心的爱国画卷”和“知识的百科全书”。

《河殇》 导演：夏骏 年份：1988年

电视政论片的探索性之作，影响广泛，引发关于中国现代化之路的争议，至今仍在全球化新语境中延续。在更加理性地对本土文化和历史传统重新审视和检讨之际，其深刻性和片面性都不容忽视。

《渴望》 导演：鲁晓威 年份：1990年

50集长篇电视剧，北京台摄制。社会转轨与动荡中的精神慰藉。这是我国第一部长篇“室内剧”，它使电视剧更广泛地走进普通百姓的家庭，引起了观众强烈的情感共鸣。

《焦点访谈》 出品：中央电视台 年份：1992年

让舆论监督成为事实，虽然它现在未必总能坚守初衷，但毕竟吸引过三任总理来此做客。

《超级女声》 出品:湖南卫视 年份：2004年

湖南卫视1997年1月1日上星以来，推出了《快乐大本营》、《玫瑰之约》等一系列名牌栏目，确立了娱乐传媒的强势品牌地位，被誉为“湖南电视现象”。超女选秀节目，充分表达了对于从众的质疑和个性的尊重，影响广泛。

《还珠格格》 出品：湖南卫视 年份：1998年

其收视奇迹至今难以逾越，并创下20世纪90年代到现在所有电视剧重播率最高纪录。韩国三大电视台甚至为此实行了“华语电视剧封杀令”。人们怀念为《还珠格格》而疯狂的日子。

《有报天天读》 出品：凤凰卫视 年份：2002年

一身布衣，一袭马褂，并不标准的普通话，带着鲜明的个人印记，杨锦麟将原本平淡的读报资讯节目做得十分出彩，被称为电视版的“参考消息”。

《走向共和》 导演:张黎 年份：2003年

艺术地再现了中华民族推翻帝制、走向共和的艰难历程，是一部思想精深、艺术精湛、制作精良的电视作品。但是，它的播出所引发的论战，激烈程度为中国电视剧播出史上所仅有。从臧否人事的众口一词，到复杂声音的呈现，还原了历史的丰富性。

Xiangguan Lianjie
相关链接

改革开放30年30首优秀电视剧歌曲

2008年12月6日，由中国文联、中共广州市委、中国电视艺术家协会联合主办的“改革开放30年电视剧歌曲盛典”在广州隆重举行。经过长达半年的观众投票和认真评选，电视连续剧《蹉跎岁月》主题曲《一支难忘的歌》等30首深受全国人民喜爱的歌曲被评为“改革开放30年最优秀电视剧歌曲”，乔羽等被评为优秀词作者，王立平等被评为优秀曲作者，杨洪基等评为优秀演唱者。

盛典通过关牧村、刘欢、孙楠、韩红、韩磊、谭晶、雷佳、陈明、沙宝亮、蒋大为、杨洪基、毛阿敏、范琳琳、黑鸭子组合等众多国内著名歌星登台倾情献演，集中回顾和展示了我国改革开放30年来涌现出的电视剧歌曲，是对中国特色社会主义建设事业的一次巡礼，是对我国改革开放30年举世瞩目之辉煌成就的热情讴歌。

中国改革开放30年优秀电视剧歌曲推选活动30首获奖歌曲名单

序号	剧名	歌曲名	演唱者	作词	作曲
1	《蹉跎岁月》	《一只难忘的歌》	关牧村	叶 辛	黄 准
2	《虾球传》	《游子吟》	成方圆	凯 传	马 丁
3	《四世同堂》	《重整河山待后生》	骆玉笙	林汝为	雷振邦 温中甲 雷 蕾
4	《西游记》	《敢问路在何方》	蒋大为	阎 肃	许镜清
5	《红楼梦》	《枉凝眉》	陈 力	曹雪芹	王立平
6	《便衣警察》	《少年壮志不言愁》	刘 欢	林汝为	雷 蕾
7	《雪城》	《我心中的太阳》	刘 欢	李文岐	李黎夫
8	《山不转水转》	《山不转水转》	那 英	张 藜	刘 青
9	《篱笆、女人和狗》	《篱笆墙的影子》	毛阿敏	张 藜	徐沛东
10	《渴望》	《渴望》	毛阿敏	易 茗	雷 蕾
11	《情满珠江》	《所有的往事》	甘 苹	陈晓奇	程大兆
12	《赵尚志》	《嫂子颂》	李 娜	李文岐	张千一
13	《外来妹》	《我不想说》	杨钰莹	陈晓奇	李海鹰

续表

序号	剧名	歌曲名	演唱者	作词	作曲
14	《北京人在纽约》	《千万次的问》	刘　欢	冯小刚 郑晓龙 李晓明	黄　准
15	《编辑部的故事》	《投入的爱一次》	毛阿敏	冯小刚	雷　蕾
16	《红十字方队》	《相逢是首歌》	俞　静 蒋　涵	刘世新	张千一
17	《天路》	《青藏高原》	李　娜	张千一	张千一
18	《水浒传》	《好汉歌》	刘　欢	易　茗	赵季平
19	《过把瘾》	《糊涂的爱》	刘　欢 那　英	张和平	王晓勇
20	《三国演义》	《滚滚长江东逝水》	杨洪基	王　健	谷建芬
21	《宰相刘罗锅》	《清官谣》	谢　东	张和平	王黎光
22	《雍正王朝》	《得民心者得天下》	刘　欢	梁国华	徐沛东
23	《贫嘴张大民的幸福生活》	《日子》	小　柯	小　柯	小　柯
24	《康熙王朝》	《向天再借五百年》	韩　磊	樊孝斌	张宏光
25	《金粉世家》	《暗香》	沙宝亮	陈　涛	三　宝
26	《永不瞑目》	《你快回来》	孙　楠	刘　沁	刘　沁
27	《幸福像花儿一样》	《爱如空气》	孙　俪	崔　恕	李海鹰
28	《京华烟云》	《发现》	赵　薇	朱　海	王黎光
29	《乔家大院》	《远情》	谭　晶	易　茗	赵季平
30	《闯关东》	《家园》	刘　欢 宋祖英	王　敏 张宏森	刘　欢

中国改革开放30年优秀电视剧歌曲研讨推选活动
优秀词作者、曲作者、演唱者名单

序号	词作者	曲作者	演唱者
1	乔　羽	王立平	杨洪基

续表

序号	词作者	曲作者	演唱者
2	阎　肃	谷建芬	关牧村
3	张　藜	赵季平	蒋大为
4	王　健	徐沛东	刘　欢
5	晓　光	张千一	毛阿敏
6	张和平	雷　蕾	韩　磊
7	易　茗	王黎光	孙　楠
8	冯小刚	李海鹰	那　英
9	屈　塬	张宏光	李　娜
10	陈　涛	三　宝	谭　晶

回望30年的阅读潮汐

2008年的深圳读书月恰逢改革开放30周年，读书月组委会推出了“阅读中国30年”系列活动，其中“30年30本书”文史类读物评选和“2008年度十大好书”更是将活动推向高潮。本届读书月由深圳报业集团主办、深圳商报承办。

改革开放30年来对中国人心灵影响最大的文史读物是哪30本？“30年30本书”评选自2008年9月10日启动，经过一个月的公众自由推荐、一个月的网络票选及手机短信投票，从30年来的出版物中筛选出了100本候选书目，最终呈交给来自全国的著名专家组成的终审评委团与来自全国16家知名媒体读书版编辑组成的复审评委团进行评选。

1.《万历十五年》（美）黄仁宇 著　中华书局　1982年版

入选理由：这本小册子是如此的好读，皆因它颠覆了我们对于历史的惯常写法。从此以后，出现了很多模仿这本书的人。直到今天，我们还可以在很多新出的历史读物中发现它的影子。

2.《第三帝国的兴亡》（美）威廉·夏伊勒 著 世界知识出版社 1979年版

入选理由：在那个年代，这本书突然呈现出了一段新鲜而难忘的历史，它所引起的我们的伤痛，至今难以平息。难得的是，译笔很好。

3.《傅雷家书》傅雷 著三联书店 1981年版

入选理由：没有一本家书像这本书那样，影响了几代人；尤其在八十年代，这本书产生的影响，是当初写家书的人完全想不到的。写家书的人的遭遇加深了我们对那个时代的认识。

4.《第三次浪潮》（美）阿尔温·托夫勒 著 三联书店 1984年版

入选理由：托夫勒带给我们的震撼，不仅是他在20多年前预见到现在大都已经实现，而是在那个国门刚刚打开的时代，他的思考给予了我们思想解放的方法，释放了几代人的想象力。

5.《宽容》房龙 著 三联书店 1985年版

入选理由：是房龙告诉我们，不要对思想上的千姿百态感到心慌气短，因为大自然从来都不主张整齐划一——这就是我们之所以要倡导宽容的真谛。

6.《释梦》（奥）弗洛伊德 著 商务印书馆 1996年版

入选理由：看似虚无缥缈的梦幻，其实有着深沉的心理动机。弗洛伊德揭示了这样一个真相：人们的意识只是冰山之一角，潜意识才是整个冰山。

7.《一九八四》（英）奥威尔 著 花城出版社 1988年版

入选理由：迄今为止，奥威尔的《一九八四》仍然是一种有效的信号，它号召人们起来跟一切与智慧思想、细腻感情、美丽事物为敌的人进行抗争。

8.《庐山会议实录》李锐 著 湖南教育出版社 1988年版

入选理由：一位亲历者通过整理自己的各种笔记、书信、谈话、日记、会议记录，用平实的文字把历史上举足轻重的庐山会议迷雾一点点拨开，让我们看到了后来许多重大历史事件的源头。

9.《美的历程》李泽厚 著 文物出版社 1981年版

入选理由：李泽厚用删繁就简三秋树的手法，渲染了一片标新立异的中国美学世界的二月天。对中国不同历史阶段美学形态的传神写照，使每一个读到它的人也顿时变得气韵生动起来。

10.《生命中不能承受之轻》（捷）米兰·昆德拉 著 作家出版社 1987年版

入选理由：形而上者谓之道，形而下者谓之器。道无形亦无重量，这就是轻。是媚俗，还是在媚俗的洪流中逆泳？这个昆德拉式的问题，至今都在拷问着每个人的灵魂。

11.《顾准文集》顾准 著 贵州人民出版社 1994年版

入选理由：这是一本写给自己以及中国未来的思想之书，顾准以一人之力顽强凿通了那条阻隔中西思想对话的黑暗隧道。在那个黑夜似的时代里，顾准是中国知识分子独立精神的火种，是我们迄今为止无法不面对的一座山峰。

12.《陈寅恪的最后20年》陆健东 著三联书店 1995年版

入选理由：在陈寅恪的身上，我们很容易就感知到什么是中国知识分子的铮铮风骨。陆键东不仅为我们刻画了一个真实可信的大师形象，还给当代中国的文人提供了一个价值标杆，这就是“自由之精神，独立之人格”。

13.《潜规则：中国历史中的真实游戏》吴思 著 云南人民出版社 2001年版

入选理由：这本书让我们打开了中国传统历史真实游戏规则的密码，给出了一个对社会转型动力模式非常有效的解释范式。

14.《百年孤独》（哥）马尔克斯 著 上海译文出版社 1984年版

入选理由：经由这本书，我们开始了解和模仿魔幻现实主义，一个文学的新天地从此打开。此书语言的风格或许应该归功于译者，但是它在中国产生的影响连作者都难以想象。

15.《朦胧诗选》阎月君等 著 春风文艺出版社 1984年版

入选理由：朦胧诗是新时期文学的第一只春燕，而《朦胧诗选》见证了它曾经飞过天空的景象。

16.《丑陋的中国人》柏杨 著花城出版社 1986年版

入选理由：只有敢于正视自身丑陋的中国人，才有可能是美丽的，这就是柏杨告诉我们的有关中国人的辩证法。在20世纪80年代，这本书点燃了一枚反省自身的巨大的炮弹。

17.《日瓦戈医生》（俄）帕斯捷尔纳克　著　漓江出版社　1986年版

入选理由：洪流越是浩大，灵魂越是孤单无依。帕斯捷尔纳克用生命的毁灭、爱情的绝望、家庭的破碎、良知的挣扎记录了大时代中知识分子的心灵史，哀痛绵绵，感人至深。

18.《白鹿原》陈忠实　著　人民文学出版社　1993年版

入选理由：一部史诗般的作品。后来的许多小说和电视剧都在照搬它的路数。奇怪的是，模仿者甚至比它还成功。

19.《1932-1972年美国实录：光荣与梦想》（美）威廉·曼彻斯特　著　商务印书馆　1978年版

入选理由：八十年代过来的人几乎没有不知道这本书的。它在特定的时代为一个封闭国家的人打开了一个再也封闭不了的视野。

20.《围城》钱钟书　著　人民文学出版社　1980年版

入选理由：城外的人想进来，城里的人想出去，这是人性永恒的困惑与律动。钱钟书在此书中揭示了人性的种种可叹、可悲、可耻、可笑、可怜，他匪夷所思的比喻和离经叛道的想象，为我们带来了无尽的愉悦。这是一本旧作，却在80年代取得了原创的意义。

21.《瓦尔登湖》（美）亨利·梭罗　著　上海译文出版社　1982年版

入选理由：梭罗的《瓦尔登湖》，展示了物欲被成功约束之后，我们所获得的精神的丰盈，以及整个世界的洁净。它的意义随着岁月的流失而增强。

22.《随想录》巴金　著　三联书店　1987年版

入选理由：这是作者定位为“讲真话的书”。它诞生在刚刚过去的“谎言就是真理”的年代，“讲真话”就如同生长在石岩缝隙中的小草，孱弱却有顽强的生命力。今天读来或许觉得没有什么，但在当时，并没有人善于这样“讲真话”。

23.《张爱玲文集》张爱玲　著　安徽文艺出版社　1993年版

入选理由：张爱玲的书不入选，还真找不出理由。“张爱玲热”至今没有结束，考证、发掘、研究的工作仍然有无数的人在做，这套书是张迷们最早的“圣经”。

24.《沉默的大多数》王小波　著　中国青年出版社　1997年版

入选理由：王小波似乎是当代文学的一个例外。本书记录了他特立独行的足迹，他因此而赢得了超乎寻常的尊敬。

25.《文明的冲突与世界秩序的重建》（美）塞缪尔·亨廷顿　著　新华出版社　1999年版

入选理由：亨氏的“文明冲突”理论在一定程度上很好地解释了20纪90年代的巴尔干问题、外高加索问题、苏丹问题、巴以问题等等。“文明冲突”从此进入了学人和百姓谈话的词典。

26.《城堡》（奥）卡夫卡　著　上海译文出版社　1980年版

入选理由：卡夫卡是20世纪80年代后中国一代代文学青年挂在嘴边上的名字，这本书则是“卡夫卡族”无法绕过的高山。

27.《西方哲学史》（英）罗素　著　商务印书馆　1981年版

入选理由：《西方哲学史》因为其闪烁的智慧，因为其流畅的文笔，而使哲学以亲切可人的面孔走近我们。它开启了很多人的哲学史想象，但至今无人能学得有模有样。

28.《金庸作品集》金庸　著　百花文艺出版社　1985年版

入选理由：说金庸的小说是当代中国读者数量最大的文学读本应该并不为过。金庸作品的魅力甚至催生了专门的学问：“金学”。

29.《增长的极限》（美）D·梅多斯等　著　商务印书馆　1984年版

入选理由：“走向未来丛书”的出版是中国知识界思想启蒙运动的重要事件，它以融汇文理、倡导科学理性而著称。罗马俱乐部这本《增长的极限》就是其中的一本。这本书的预警效果我们现在看得更清楚了。有学者说，这本书是一百年来最重要的书。

30.《外国现代派作品选》袁可嘉等 著 上海文艺出版社 1980年版

入选理由：这本书使此前的当代文学教育一时变得陌生而遥远，这种最初的冲击为此后的种种文学乃至文化的选择，创造了无限的可能性。许多“过来人”都满怀深情地谈起这套书，皆认为受惠良多。

小贴士 Xiao Tieshi

30年我国文学十大作品

《班主任》◇作者:刘心武◇年份:1977年

《回答》◇作者:北岛◇年份:1979年

《棋王》◇作者:阿城◇年份:1984年

《顽主》◇作者:王朔◇年份:1988年

《心灵史》◇作者:张承志◇年份:1991年

《废都》◇作者:贾平凹◇年份:1993年

《长恨歌》◇作者:王安忆◇年份:1995年

《青铜时代》◇作者:王小波◇年份:1997年

《三重门》◇作者:韩寒◇年份:2000年

《受活》◇作者:阎连科◇年份:2003年

Xiangguan Lianjie

相关链接

改革开放30年思想十大作品

《实践是检验真理的唯一标准》(《光明日报》特约评论员，1978年5月11日)

文章引发了全国性的真理标准问题大讨论，冲破了长期以来“左”倾错误思潮的束缚，开始把人们从多年盛行的教条主义和个人崇拜的精神枷锁中解放出来，有力地推动了拨乱反正，为党的十一届三中全会的召开准备了思想条件。

《随想录》(巴金，人民文学出版社，1980)

巴金在“文革”浩劫后的反思，为我们留下了《随想录》这部遗产，以及关于建立“文革”博物馆的未了心愿。老人直面自己曾经出现的人格扭曲，以残朽之生命，坚持反思“文革”，为我们留下了宝贵遗言：“讲真话”，体现了高度的历史责任感。这使他受到格外的敬重。老人的勇敢，表明我们这个民族的良知未泯。然而，底线伦理竟成为极度稀缺的道德资源，未尝不是可悲之处。

《美的历程》(李泽厚，文物出版社，1981)

以实践哲学为基础，以黑格尔的“三段论”式为叙述方式，融合“有意味的形式”和“集体无意识”等现代西方观点和方法，对中国古典文艺进行宏观描述和美学评论，重在艺术形式与风格的历史、心理内涵。尽管该书受到一些专门史家的挑剔，但在20世纪80年代初的背景下，该书因其自觉告别了经济决定论和阶级论的解释模式、重建古中国的文化/心理结构而具有广泛的思想文化意义，在当代美学中影响深远。

《关于马克思主义的几个理论问题的探讨》(周扬，《人民日报》1983年3月16日)

“实践是检验真理的唯一标准”，什么又是检验实践的标准？党内一些理论家提出，是人。周扬的这篇报告吸纳了这样的观点，重提“人的尊严、人的价值应当受到重视”。周扬把“文革”的历史教训和对自己前半生的忏悔变成了勇敢的探索，体现了他的马克思主义信念和历史责任。

《走向未来丛书》(金观涛主编，四川人民出版社，1984—1988)

《走向未来丛书》的主持者多为中国科学院从事科学史或科学哲学研究的人员，“科学方法”是丛书高扬的旗帜，流风所被，称引三论(控制论、信息论、系统伦)成为时髦。它成为“文化大革命”结束后一代青年人生起点的教科书，为热情求知的人打开了观察世界、了解历史的窗户。对于精神饥饿、食欲旺盛的年轻人，这是一道及时的、营养丰富的大餐；那时的学生几乎身无分文，但他们很富有，因为他们拥有未来。

《庐山会议实录》(李锐,湖南教育出版社、北京春秋出版社联合出版，1989；河南人民出版社，1999，增订版)

1959年的庐山会议，是中华人民共和国历史上的一次重大转折。这次会议的结果，终于导致“文革”浩劫的到来。李锐的《庐山会议实录》就是对于这一事件最真实的记录。李锐最初参与起草会议文件。批判彭德怀以后，他作为被整治者，曾参加毛泽东主持的两次常委会，作了详细记录。这本书包含了他对这段历史深刻的反思，不但为后世史家提供了一份认识中国共产党的现场见证，可以列入20世纪世界史学名著之林，而且对于当代政治体制改革也极有启发。

《在武昌、深圳、珠海、上海等地的谈话要点》(邓小平，1992)

邓小平的南方谈话，对社会主义的一系列重大理论问题提出了新的论断，在马克思主义发展史上第一次科学地概括了社会主义本质，深刻阐发了社会主义也可以搞市场经济的理论，进一步论述了社会主义初级阶段的长期性和复杂性，有效地扼制了一度滋生蔓延的“左”的思潮，为把改革开放和现代化建设推进到新的阶段奠定了思想基础。

《当代中国的思想状况与现代性问题》(汪晖，《天涯》，1997.5)

此文及其系列文章，显示了在历史脉络中总结和思考社会保护运动的理论自觉，不仅指出社会保护运动是以社会公正和平等为诉求的公众民主参与，而且指出这一运动延续了晚清以来“反现代的现代性”的知识传统。这些看法引发了激烈而长久的争论。通过这些思想对话和辩论，批判的知识群体构成了社会保护运动的重要部分。

《北大传统与近代中国》(刘军宁编，中国人事出版社，1998年4月)

这本出版于北京大学创办百周年之际的书，把对于中国人来说是久违了的一种思想资源——自由主义——重新提了出来。本书指出，在人类值得追求的各种价值中，自由是最重要、最具有普遍性的价值，道出了一个最起码然而往往被遮蔽的真理。

《问题与主义》(秦晖，长春出版社，1999)

秦晖在左右之争中,提出了“共同的底线”说，他认为,中国现在不是自由放任太多，也不是国家福利太多，因此我们不是既不要自由放任又不要国家福利的问题，而是恰恰相反,既要更多的自由放任又要更多的国家福利。转型时期要掌握好在民主和法治基础上的“左”“右”互补；右派为自由要限权，左派要福利可问责。他认为，自由主义的一个基本内容就是强调“群己权界”。群域讲民主，私域讲自由。很难划分是群域还是己域的模糊区域，让大家定期重新选择。这些主张得到越来越多的认同。

●○作为中国改革开放的总设计师邓小平亲自倡导设立的中国第一个经济特区，深圳一直被看作是中国改革开放的窗口。

新闻十大作品

2008年12月11日，在《南方周末》中国改革开放30年纪念特刊上评选出30年的新闻十大作品。

《天安门事件完全是革命行动》(新华社，1978.11.15)

粉碎“四人帮”以后,当时的中央领导人对“天安门事件”在看法上有所改变，肯定“绝大多数群众是好的”，但定性并没改变，还是肯定存在“天安门广场反革命事件”。在舆论和党内压力下，这种情况到了1976年11月14日发生了变化,北京市委常委扩大会议在华国锋授意下宣布平反。在中央没有明确表态的情况下，新华社从《北京日报》的会议报道中，把平反的内容摘出来，单独向全国发布，促进了天安门事件的公开彻底解决，顺应了民意，振奋了民心，达成了社会和解，为之后的改革奠定了群众基础。

《人妖之间》(刘宾雁，《人民文学》1979.9)

今天看来,《人妖之间》在思想立意、观察角度、篇章结构、叙述语言等方面,都鲜明地带有那个时代的烙印。使它脱颖而出、引起社会轰动的原因在于，作者力图通过这篇报告文学，揭示一个贪污犯之所以能在当时的环境中如鱼得水、游刃有余的历史和社会根源，对几十年政治运动笼罩下的社会生态，做了深刻的揭示。

《一份血写的报告——记党的好女儿张志新》(孙钧、苗家生、陈禹山，《光明日报》，1979.6.5)

这篇文章和它的后续报道，详尽地披露了因为批评对毛泽东的个人迷信而被打成思想犯的张志新，在六年的牢狱生活中，所遭受的精神和肉体上的双重虐待，包括在被执行死刑前，为防止她喊“反动”口号,而割断她的喉管的细节。文章引起了“谁之罪”的“天问”：那些服从上级命令而虐待张志新的人，难道就没有罪过吗？这是中国的“艾希曼”问题,当时却没能深入讨论下去。

《该注重管理了——向袁庚先生进一言》(鄄明伲，《蛇口通讯》，1985.2.25)

《蛇口通讯》是蛇口工业区党委的机关报。袁庚是蛇口工业区管委会主任。鄄明伲的来信列举了蛇口工业区在企业管理上的种种弊端，指出“蛇口的效率远不像传说中那样高”，批评袁庚“还称不上优秀的企业家”，“工业区的整体水平很不理想，你不能不负主要责任”。党报监督党的一把手，意义非凡。袁庚在蛇口的民主试验得到全国的支持。《人民日报》评论此举是“蛇口的第一声春雷”，1985年度全国好新闻评选，这封读者来信获得特等奖。

《唐山大地震》(钱钢,解放军文艺出版社，1986)

这是一本不再属于“化悲痛为力量”的书，不是阶级感情的书，不是属于伟人时代的书。这是一本没有英雄的书，没有“把坏事变好事”的故事，也没有什么典型人物。这是一本真正关于灾难的书。他写出了普通人在灾难中的痛楚与无助，大自然的诡异与野蛮，专家的无奈与惋惜，包括那个再也没有睡过好觉的国家老地震局局长。这是一本人性觉醒的书。

希望工程系列摄影作品(解海龙，《中国青年报》，1992)“希望工程”之所以能家喻户晓、深入人心，能吸引海内外二十余亿元的爱心捐助，解海龙拍摄的以“大眼睛”为代表的系列摄影作品功莫大焉。这些朴实的黑白影像以其特有的感染力，推动了社会公益事业，为数百万贫困儿童争取了教育的权利，从而影响了一个国家几代人的命运。

《东方风来满眼春》(陈锡添，《深圳特区报》，1992.3.26)

在改革步履艰难、航向不明的情况下，《东方风来满眼春》第一次公开而又详细地报道了邓小平南方谈话和深圳之行的内容，引起国内外强烈关注，促成了新一轮思想解放，有力地推动了改革开放的进程。一家地方报纸，夺得头彩，占尽风流，这种情况确实非常罕见。

《基金黑幕》(张志雄，《财经》，2000.10.8)

被寄予“稳定市场”厚望的市场新贵——基金经理们忙于何事？《财经》杂志的这篇文章告诉读者，答案只有两个词——欺诈和操纵。这篇文章连同后来的《庄家吕梁》(2001.2.5)和《银广夏陷阱》(2001.8.5)，成为经济调查性报道的系列范本。

《被收容者孙志刚之死》(陈峰、王雷，《南方都市报》2003.4.25)

在新中国的新闻史上，似乎还从未有过这样的先例，由于一个公民的非正常死亡，而最终导致一部恶法的废除。记者的调查表明，来广州工作的公民孙志刚在收容期间被打死了，他被收容仅仅是因为没有办暂住证。舆论群起谴责收容遣送制度。同年6月18日，全国人大废止收容遣送法，代之以救助办法。获得这样的进步远不只是因为媒体报道，更在于公民权利的觉醒，体制内改革力量的成长和法治理性的深入人心。

周老虎调查(众网友，2007)

事件本身是让人悲哀的，一个小小的骗术，只因成功地绑架了地方政府的利益需求，进而从镇政府到省林业厅、省政府乃至国家林业局，统统要为之竭力圆谎，连司法机关也要对此有所回避。然而，无数或悲或愤或喜或狂的网民最终发现，揭示真相的权力其实已经掌握在自己手里。从2007年10月到2008年11月，从周正龙的亮相到退场，诸多权威部门、权威媒体统统成为网民和网络的跟随者。一年多的时间里，中国网民成为世界上最强大的报道者与参政议政者。

念改革开放30年图书四大篇章

2008年是我国改革开放30周年，按照中央有关精神，中宣部办公厅和新闻出版总署办公厅2008年2月联合发出通知，决定组织出版一批纪念改革开放30周年的重点图书。通知指出，纪念改革开放30周年重点图书的出版工作，要认真贯彻落实党的十七大精神，高举中国特色社会主义伟大旗帜，坚持以“三个代表”重要思想为指导，深入贯彻落实科学发展观，大力宣传改革开放的伟大意义、巨大成就和成功经验，充分展示30年来我国社会、我国人民和我们党的面貌发生的历史性变化，进一步坚定走中国特色社会主义道路的决心和信心，为坚持改革开放、推动科学发展、促进社会和谐提供强大思想文化保证。

为切实做好纪念改革开放30周年100种重点图书选题的出版发行工作，保证高质量按时出版，新闻出版总署2008年7月又发出《关于做好纪念改革开放30周年重点图书出版发行工作的通知》。通知要求，各有关出版主管部门认真督促承担重点图书选题的出版单位，做好纪念改革开放30周年重点图书选题的出版工作，对正在出版过程中的重点选题，要制定完成时间进度表，由专人负责督促检查，确保重点图书在2008年11月底前出版；要采取有效措施，切实把好书稿内容、编辑加工、印制等环节，确保重点选题高质量、高水平出版。

在中国的改革开放过程中，出版业既是亲历者，又是记录者。“纪念改革开放30周年”是2008年的重头戏，出版社早早地就做好了规划，从各个角度对这一选题进行创造性的开掘，一批有新意的出版物出现在读者的眼前。

回顾与总结篇

30年的改革开放给中国社会带来了翻天覆地的变化，也带来了社会科学的空前繁荣。往前看的一种方式就是总结过去，2008年很多重点选题从历史的角度对30年来中国社会的变化和改革的成就进行了全方位的回顾和展现，同时还将推出一批既具有历史价值又具有理论价值的学术著作。

中宣部和新闻出版总署启动了“强国之路——纪念改革开放30周年重点书系”的出版工程，书系规模拟为30——35种、60册，计划以统一的设计封面、书系标识、印装纸张、开本规格推出。

上海世纪出版股份公司联合复旦大学，在2006年3月启动了“中国改革开放30年研究与出版工程”，对15项关系国计民生的重大课题进行研究，并于2008年下半年推出重在理论创新的“中国改革开放30年研究丛书”。

从社会各领域对30年来国民经济和社会发展作出学术回顾的大型文丛，还有中国大百科全书出版社的“纪念改革开放30周年丛书”(五卷，4月出版)、上海人民出版社的“中国改革开放30年丛书”(五卷)、人民出版社的“中国改革开放实践的理论反思与展望丛书”、中共党史出版社的“改革开放30年丛书”、湖南人民出版社的“为中国喝彩——改革开放三十年中国经济社会发展统计分析丛书”(五卷)等。

社科文献、中国社科等出版社从各学科领域对改革开放进行了理论创新和总结。社科文献社2008年推出《中国改革蓝皮书(第一卷)：改革开放30年专集》，并首次出版中国经济特区蓝皮书《中国经济特区发展报告2008》。作为以思想理论见长的社科文献社，这次为改革开放30周年准备了一批理论研究著作，包括《中国经济转型(1978－2008)》《走向公民社会——中国民间组织30年》《转型期的法律框架建设(1978－2008)》《中国治理变迁30年(1978－2008)》等，内容涉及经济、公共管理、行政、社会、教育、所有制、法制、人才等各个领域和方面。

依托中国思想理论阵地社科院的中国社科社也将从思想理论的角度来纪念改革开放，社科社推出了12卷本的《改革开放以来的中国社会科学》编撰工作，从哲学、宗教学、社会学、史学、中国化马克思主义理论创新等领域来回顾社会科学在新时期的繁荣发展历程。

山东人民出版社推出《走向公正的中国社会》，对转型期的中国社会在社会公正研究方面所面临的一些重大理论和现实问题，诸如以人为本的治国理念、中国主要群体弱势化趋向、中国精英群体的演进等问题，进行了新的理论创新和概括。

人民出版社进行了“人民文库”大型出版计划，遴选改革开放30年来人民出版社在各个历史阶段出版的影响比较广泛的图书集中再版，以哲学和社会科学为主，首批100种左右。在本届书博会上，已经有10种面市。

推荐书目

思想解放的历程：纪念改革开放三十周年

作　　者：《人民日报》国内政治部 编

出 版 社：《人民日报》出版社

出版时间：2008-8-1

内容简介

1978年5月10日，中央党校内部刊物《理论动态》发表经胡耀邦同志审定的《实践是检验真理的唯一标准》一文。5月11日，《光明日报》以特约评论员名义，公开发表了这篇文章，新华社向全国转发，在广大干部群众中引起强烈反响，引发了关于真理标准问题的讨论。真理标准问题的讨论，为我们党在改革开放30年中坚持和发展中国特色社会主义道路、形成中国特色社会主义理论体系提供了强大精神动力；真理标准问题的讨论，使我们党在改革开放30年中坚持解放思想，形成了一系列行之有效的宝贵经验。本书就是遵循改革开放以来的历史脉络，从政治、经济、文化、社会建设等方面，全景观地展示了我国改革开放以来的思想解放历程。

解放——改革开放以来思想大论战

作　　者：钟生 著

出 版 社：人民出版社

出版时间：2008-10-1

内容简介

本书的五大亮点是系统总结性：本书依托改革开放的基本历程，全面回顾改革开放以来波澜壮阔的思想论争，可谓一部改革开放的解放思想史。而本书成于改革开放30周年之际，更凸现了其系统回顾总结的意义，具有重大的理论参考价值。社会敏感性：本书所提及的十大思想论战都是改革开放的前沿热点，不仅关系到论战各方的利益，而且关系到社会的舆论走向，必然会触动深层次的利益关系调整，甚至可能决定改革的方向。而本书的出版，也必将会引发新一轮的思想解放高潮，引发一场对改革开放的全民性思考热潮。改革前瞻性：思想是行动的先导，没有解放思想，就没有改革开放。本书所囊括的十大思想论战，立足于当代中国改革开放的实际，对未来的改革轨迹进行了有益的探索和思考。真理越辩越明，激烈的争论不仅掩饰不了改革的方向和前景，反而使这种方向和前景更加明朗。现实关怀性：思想解放就避免不了争论，只有经过争论的思想解放才是真正的解放。本书正是作者对改革现状和命运高度关注和思考的体现。当前，改革进入攻坚阶段，更需要我们把解放思想作为先导工程，以创新的思想指导中国特色社会主义的伟大实践。著述权威性：本书作者一直站在改革开放理论研究的前沿，是研究改革开放的权威专家，本书观点前瞻、理论新颖、论述精彩纷呈，深度解读中央的声音。

改革新观察

作　者：陈学工 著

出 版 社：新华出版社

出版时间：2008-11-1

内容简介

作者用发展的视野和战略，总结、观察和俯瞰30年的改革开放。用大量的事实、数据和深入浅出的分析，阐述了中国改革开放以来所发生的历史性变化，改革开放的划时代意义，以及对中国经济、社会，对普通民众所带来的巨大变化。在展现改革巨大成就的同时，总结出了几条弥足珍贵的经验，在此基础上深入分析了中国在改革开放中出现问题的原因，理直气壮地坚持发展中的问题要通过继续推进改革来破解。并明确提出下一步改革的目标要从“一化”走向“三化”，即在完善经济改革的市场化目标的同时，推进社会改革的公益化和政治改革的民主化。其“一体两翼”的改革构想(经济改革是改革的主体，社会改革和政治改革是改革的两翼)值得参考。

经济理论与案例篇

改革开放的成就首先是经济的成就，一批引进和原创的专著、丛书以新的理论视角来审视、探寻改革开放的成因和路径。《改革》杂志社和重庆大学出版社2008年4月推出了“中国经济改革30年丛书”，该丛书策划开发历时三年，以13卷、500万字的厚重全方位透视中国经济改革30年的探索发展历程。人民出版社出版的《中国经济论：崛起的机制与课题》把中国30年的改革开放放到了600年来世界经济格局变化的背景下进行纵深研究，旅日华人经济学家周牧之以工业经济论和亚洲工业化理论的新假说，论证了中国30年的改革开放与信息革命下的全球经济一体化如何相互作用造就了今天中国的大发展。

上海人民出版社引进了英国著名经济学家安格斯·麦迪森编写的《中国经济的长期表现——公元960~2030年》和美国著名经济学家汤姆·罗斯基和罗伦特·勃兰特主编的《中国伟大的经济转型》，是国外研究中国改革开放经济成就的重要成果。

改革开放是由点及面全面铺开的，一些选题对处于改革开放前沿的一些“激流猛进”的经典模式和经验进行总结，从而从不同侧面来反映改革开放的成果。其中广东省和深圳市作为改革开放的排头兵，受到了更多的关注。广东出版集团2008年出版100多种有关改革开放的重点出版物，着重在广东的发展上发力，其中包括“广东改革开放发展实践研究系列丛书”、“广东改革开放思想研究系列丛书”、“广东改革开放纪实系列丛书”和《广东改革开放风云录》、《广东改革开放大事记》、《先行一步：改革中的广东》、《软实力——广东文化产业领军全国》等，从思想文化层面反映广东改革开放的成果。

社科文献出版社将出版一套“国情调研丛书”，对广东、浙江、义乌、凤阳、花都等发展模式进行探讨和总结。中信出版社的《春天的故事(深圳创业史1979－2009上)》、世纪出版的《从深圳特区到浦东新区——中国开放的战略推进》、商务印书馆的《改革开放三十年来中国区域经济学的理论与实践》、三联书店的《30年经济改革文选》、四川人民出版社的《中国奇迹与中国发展模式(1978~2008)》等图书都从不同角度反映了经济改革的成就。

企业发展史也受到了关注。2007年1月，中信出版社推出的《激荡三十年——中国企业1978－2008》(上)引起了极大的反响，2008年初，该书的下册由浙江人民出版社出版。世纪出版将推出反映民营经济异军突起的报告文学集《珠三角民企英雄传》、反映国企组织运营大转型的纪实文学《中国国企改革30年亲历记》，陕西师大出版社的《华瑞传奇：中国制药业的非常故事》反映了中外合资企业的发展历程，湖南人民出版社的《风雨三十年——国企改革的破冰之旅》通过典型案例，生动再现了国企改革遇到的困境和所取得的成就。

Xiangguan Lianjie
相关链接

推荐书目

领导干部决策大参考·中国经济发展和体制改革报告：改革开放30年（1978－2008）

作　者：邹东涛 主编

出 版 社：社会科学文献出版社

出版时间：2008-10-2

内容简介

面对新形势新任务，各级领导干部需要具备以历史的眼光和全球的视野，科学判断和全面把握国际形势，正确应对世界多极化、经济全球化、科技进步的发展趋势，妥善处理影响世界政治经济发展的各种复杂和不确定因素的能力；具备科学判断和全面把握我国基本国情，全面推进政治建设、经济建设、文化建设、社会建设的能力，具备科学判断和全面把握我们党所处的历史方位和肩负的历史使命，不断提高党的领导水平和执政水平的能力。《领导干部决策大参考》针对当前国际国内新形势新变化，着眼于当今世界知识发展前沿，研究时代特征，把中国的发展纳入国际视野进行考察，并注重研究和借鉴其他国家的实践和经验，紧扣治国理政面临的重点、热点和难点问题，针对经济、政治、法律、文化、科技、管理、战略、历史、国际关系、社会、军事、党建等各方面的重大问题，由国内各领域最权威的专家进行专题讲解，密切结合执政兴国、谋求发展的实际需要，对研究和解决重大问题、推动实际工作、探索客观规律，具有很强的现实针对性，对各级领导干部开阔视野、增强素质，提高领导水平和行政能力，有一定的参考和借鉴作用。

改革开放三十年：从历史走向未来——中国经济体制改革若干历史经验研究

作　者：国家发展改革委经济体制与管理研究所 编

出 版 社：人民出版社

出版时间：2008-11-1

内容简介

"筚路蓝缕，以启山林。"三十年的经济体制改革，我国建立了以公有制为主体、多种所有制经济共同发展的基本经济制度，实现了公有制与市场经济的有机结合，实现了市场机制与宏观调控的内在统一，实现了国内改革与对外开放的相互促进，社会主义市场经济体制初步建立并不断完善。改革开放以来，经济实力显著增强，综合国力大幅提高，人民生活明显改善，社会事业全面发展，民主法治建设不断取得进步。改革开放事业远非一帆风顺，前行的每一步都充满艰辛，伴随着思想的撞击与升华，带着制度新生的阵痛、曲折与辉煌。改革开放之路如逆水行舟，不进则退，停滞和倒退没有出路。

三十年，思想就这样松绑--中国改革开放民间叙事

作　　者：《钱江晚报》　策划　主编

出 版 社：浙江文艺出版社

出版时间：2008-7-1

内容简介

本书分为三辑，第一辑“风起蘋末”以1978年这一年推动思想解放的历史事件和历史人物为主线，囊括了《实践是检验真理的唯一标准》的成稿和编辑经过，皇甫平参与的“姓社姓资”的争论，对茅于轼、吴思的访谈，以及五位知名人士和一些民众对1978年思想解放的感受和回忆等内容。第二辑“风拂大地”则重点聚焦改革开放中的一系列标志性事件，如“时间就是金钱，效率就是生命”的诞生与争议，包产到户，向阳公社摘去“人民公社”的牌子等，并包括对步鑫生、年广久、杨百万、李燕杰等一系列争议人物和王蒙、李谷一、谢晋等名人的访谈等。第三辑“长风激荡”以知名学者的访谈为主，包括贺卫方、王晓明、梁晓声、俞可平、葛剑雄等人对改革开放30年的感悟和思考。

见证与揭秘篇

一些纪实作者或者亲历者忠实地记录下了改革年代的社会变迁、成就和人生感悟，这种揭秘或个人口述史的方式，立足于百姓视角，感性、生动，不仅具有历史价值，也具有更强的可读性。

纪念改革开放30周年，也是纪念十一届三中全会召开30周年，在1978年12月18日的这次会议上，正式宣布打开国门，实施改革开放。这次会议改变了中国的历史进程。因此，1978年作为一个特殊的历史年份为人们所探究和关注。经济学家于光远是1978年历史转折的见证人，他将自己亲身经历的事情和当时以及现在的想法记录下来，由中央编译出版社出版《1978我亲历的那次历史大转折——十一届三中全会的台前幕后》，让后人知道历史真相并深刻地吸取历史经验教训。人民出版社的《回首1978：历史在这里转折》介绍了十一届三

中全会前后的思想解放及改革开放的艰难起步这一波澜壮阔的历史进程。

传记作家叶永烈于十年前，也就是改革开放20周年时，在走访诸多重大历史事件的当事人及见证者的基础上，出版了《邓小平改变中国——1978：中国命运大转折》，在当时引起了轰动。2008年这本书由江西人民出版社再版，首印三万册。

作为改革的决策者和参与者之一，李铁映亲历了若干改革开放的重大举措的制定，以及这些举措从论证、试点到应用、推广的历史过程，他的新书《改革开放探索》(中国人民大学出版社)从一个侧面反映了在改革开放和走中国特色社会主义道路的伟大历史进程中，中国共产党和中国人民在理论和实践两个方面的探索。

中国出版集团推出“名家30年访谈书系”，通过访谈的形式，访问近30年来在我国各文化领域做出突出贡献的重量级人物，通过他们的视野和评述，反映改革开放以来我国各个领域所发生的重大变化。这套书系包括：中国著名经济学家访谈录、人文学者国事访谈录、80年代访谈录、中国著名文学家访谈录、中国著名美术家访谈录、中国著名音乐家访谈录、中国著名科学家访谈录。

人民出版社的《开放你的人生》、中信社的《开放中国——改革的30年记忆》、陕西师大出版社的《亲历巨变——一位美国女性眼中的当代中国》、四川人民出版社的《改革开放三十年重大决策始末》等图书也都从亲历者的视角讲述了30年的记忆和变化。

Xiangguan Lianjie 相关链接

推荐书目

交锋三十年——改革开放四次大争论亲历记

作　者：马立诚 著

出版社：江苏人民出版社

出版时间：2008-10-1

内容简介

改革开放30年来，险峰凸起，激流回旋，发生了多少次起伏跌宕的交锋？每次交锋背后，又有多少观念的碰撞和利益的博弈？马立诚身处30年交锋前沿，亲身见证、参与了众多影响中国发展的重大事件。大量鲜为人知的事实、亲身经历的现场感、扣人心弦的情节、高屋建瓴的视野，使本书产生了巨大的阅读期待。本书直面30年来社会多方面的风风雨雨。它有如一幅行云流水的长卷，生动地描画出改革开放的进程。惊心动魄，振聋发聩，令人抚案叹息，掩卷深思。

开放中国：改革的30年记忆

作　　者：经济观察报　编

出 版 社：中信出版社

出版时间：2008-4-1

内容简介

这是一本关于改革开放的书。这是一本亲历者讲述历史的书。这是一本唤醒记忆并且重新认识所走道路的书。本书通过对30个人或口述历史，或还原现场，或记录结果等的方式，来回溯中国改革开放的种种变化以及这些变化背后的推动力。

30人谈30年

作　　者：徐根初 主编

出 版 社：《人民日报》出版社

出版时间：2008-11-1

内容简介

如何看中国30年改革开放所走过的每一步？改革开放对中国发展和现代化进程起到了怎样的作用？中国下一个30年将如何发展？在纪念改革开放30周年之际，从不同角度俯瞰、审视、分析、反思、总结30年所经历的实践，对于前瞻进一步发展中国特色社会主义，弘扬中华战略文化精髓，构建和谐社会及中国在全球化进程中的定位，迎接中华民族伟大复兴的到来，都将具有重要的现实意义和深远的历史意义。

由“中华战略文化论坛”策划的纪念中国改革开放30周年特别项目，集中对改革开放30年中10位中国著名前驻外大使、10位中国知名企业家、10位国际知名跨国公司中国区总裁进行了深度访谈。他们的经历、视角、感悟和期待，为我们提供了一幅生动、具体、丰富、形象的历史画卷，从不同角度展示了改革开放30年中国经济腾飞与崛起的深刻变化，诠释了下一个30年将面临的更大的机遇和挑战。

本特别系列访谈的重要特点：①政策建议导向访谈；②被访嘉宾经历丰富、思想敏锐、见解独到；③国别、行业具有代表性，行业涉及范围广泛，在企业性质方面包括国有、合资、股份制和民营不同类型；④在被访30位嘉宾中，有10位是全国人大代表或全国政协委员；⑤在被访的20位中外企业家中，有8位博士，10位跨国公司中国区总裁中，3位是20世纪80年代初留学美国并获得博士学位的中国人，另外7位是来自不同国家的外籍人士，大多都有在中国20年以上学习、生活和工作的经历，见证了中国30年的巨大变化；⑥期待与展望是访谈的重点；⑦内容丰富，其中许多内容和照片真切记录了改革开放30年间具有重要意义的事件。有些是第一次公开。

●○2008年8月24日晚，北京奥运会闭幕式在国家体育场隆重举行，来自各国各地区的运动员、教练员和来宾共同庆祝北京奥运会取得圆满成功。这是“鸟巢”和“水立方”上空绽放璀璨的礼花。

文学篇

文学当然也不会漠视改革开放30年来的巨变。“1978年以后，在思想解放、转变观念上，文学在很大程度上是开了先河，当时很多的解放思想的话题，实际上是从文学开始的。”人民文学出版社副社长潘凯雄说。

2007年10月，由中国作家协会、中国出版集团、《人民日报》文艺部联合举办了“我心目中的改革开放30年文学代表作”作品征集活动，通过读者推荐与专家遴选相结合的方式确定30种入选书目，由人文社出版一套“改革开放30周年长篇文学代表作书系”，集中展示改革开放30年来文学创作的丰硕成果。

人文社2008年还将重点抓一批反映改革开放30周年中国社会发展和人民生活变

化的原创文学作品，2007年与蒋子龙、吕雷、赵洪、邱华栋等作家签约，建创作基地，推出“改革开放30周年原创精品文学书系”。

东方出版中心则精选新时期以来上海知名作家的代表作，推出“白玉兰文学丛书”(15本)，以经典呈现的方式集中展现了改革开放以来上海文学的历史变迁。

改革开放中杰出的、里程碑式的人物是人们最为关注的对象。纪实文学《袁庚传》记录了深圳特区开拓型官员、有着“改革临床实验人”的袁庚的事迹。中华书局从2008年起推出“中华民族巨人传丛书”，遴选政治、思想、科学等各领域100位杰出人物作为传主。现代出版社将以文学样式展现马云、陈天桥、马蔚华、史玉柱等著名企业家的成功历程。

Xiangguan Lianjie

相关链接

推荐书目

汪海三十年——汪海和他的中国双星

作　　者：赵晏彪　著

出 版 社：人民出版社

出版时间：2008-3-1

内容简介

该书有三大亮点，其一，作者以强有力的笔触、作家敏锐的视角以及一名财经记者对企业和经营管理的熟悉与把握，使这部作品的写作风格介于文学与经济之间，既不像一些文学作品华丽而无内容，又不似经济类体裁的作品有内容而不好读，而是深入浅出、环环相扣、引人入胜；其二，由于一些读者喜欢读精华或者是总结性的文字，因此作者在每一章的结尾以“焦点透视”的形式，将这一章做了总结，并且提炼出一个观点供读者参考；其三，这本书与一般传记文学不一样，它前两部分是写企业家怎样创业，怎样创品牌，而第三部分主要是写企业家的经营之术、管理之术和营销之术，懂管理的企业家和管理者能够从中收获一些经验，正在创业途中的有志者能够深悟成功真谛，学会如何避风险，如何创造品牌，如何走上一条蒸蒸日上的坦途。

珠三角民企英雄传

作　　者：解聘如 主编

出 版 社：上海人民出版社

出版时间：2008-11-1

内容简介

在这个风云际会的民营时代，珠三角涌现了众多的优秀民营企业家。改革开放30年来，他们中的大多数已经成为经营管理的人才，发展企业的人才。在社会上有地位，政治上有影响，经济上有实惠。本书将用厚重的笔调记录他们走过的非凡岁月，从而鼓舞和启示更多的企业家和创业者走向成功。

跨越：纪念中国改革开放三十年诗选1978－2008

作　　者：中国作家协会 编

出 版 社：作家出版社

出版时间：2008-10-1

内容简介

以思想解放为标志的改革开放大潮席卷中国已经三十年了。这三十年里，中国的经济腾飞，国力增强，取得了令世界瞩目的丰硕成果。与此同时，中国的文学事业蒸蒸日上，其中，诗歌更是领军于众多文学样式之前。它的从复苏到活跃到探索，它的梦想、追求、超越和写诗，都见证了改革开放的巨大变化和历史进程，刻画出中华民族喜怒哀乐的情感起伏和思想轨迹，也走出自己艰辛而又辉煌的道路。《跨越》精选三十年间数百首诗歌之精华，涵盖三十年诗歌历程，包容诗歌史上众多重要的诗人诗作，题材广泛，风格多样。整本诗集大气厚重，丰富多彩，从中折射出改革开放令人心动的瞬间和永恒。

2008年5月13日，救援人员谱写抗震救灾的感人篇章。

附件
Fujian

胡锦涛在纪念党的十一届三中全会召开30周年大会上的讲话

（2008年12月18日）

胡锦涛

同志们：

1978年12月18日，也就是30年前的今天，党的十一届三中全会隆重召开。这次会议，实现了新中国成立以来我们党历史上具有深远意义的伟大转折，开启了我国改革开放历史新时期。从此，党领导全国各族人民在新的历史条件下开始了新的伟大革命。

今天，我们在这里集会，纪念党的十一届三中全会召开30周年，就是要充分认识改革开放的重大意义和伟大成就，深刻总结改革开放的伟大历程和宝贵经验，坚持党的十一届三中全会精神，高举中国特色社会主义伟大旗帜，以马克思列宁主义、毛泽东思想、邓小平理论和“三个代表”重要思想为指导，深入贯彻落实科学发展观，在中国特色社会主义道路上，继续把改革开放伟大事业推向前进。

党的十一届三中全会是在党和国家面临向何处去的重大历史关头召开的。1976年10月粉碎“四人帮”之后，广大干部群众强烈要求纠正“文化大革命”的错误，彻底扭转十年内乱造成的严重局势，使党和国家从危难中重新奋起。但是，这一顺应时势的愿望遇到严重阻碍，党和国家工作在前进中出现徘徊局面。与此同时，世界经济快速发展，科技进步日新月异，国家建设百业待兴，真理标准讨论热潮涌起。国内外大势呼唤我们党尽快就关系党和国家前途命运的大政方针作出政治决断和战略抉择。

在邓小平同志领导下和其他老一辈革命家支持下，党的十一届三中全会开始全面认真纠正“文化大革命”中及其以前的“左”倾错误，坚决批判了“两个凡是”的错误方针，充分肯定了必须完整、准确地掌握毛泽东思想的科学体系，高度评价了关于真理标准问题的讨论，确定了解放思想、开动脑筋、实事求是、团结一致向前看的指导方针，果断停止使用“以阶级斗争为纲”的口号，作出了把党和国家工作中心转移到经济建设上来、实行改革开放的历史性决策。

党的十一届三中全会标志着我们党重新确立了马克思主义的思想路线、政治路线、组织路线，标志着中国共产党人在新的时代条件下的伟大觉醒，显示了我们党顺应时代潮流和人民愿望、勇敢开辟建设社会主义新路的坚强决心。在党的十一届三中全会春风吹拂下，神州大地万物复苏、生机勃发，拨乱反正全面展开，解决历史遗留问题有步骤进行，社会主义民主法制建设走上正轨，党和国家领导制度和领导体制得到健全，国家各项事业蓬勃发展。我们伟大的祖国迎来了思想的解放、经济的发展、政治的昌明、教育的勃兴、文艺的繁荣、科学的春天。党和国家又充满希望、充满活力地踏上了实现社会主义现代化的伟大征程。

新时期最鲜明的特点是改革开放。党带领人民进行改革开放，目的就是要解放和发展社会生产力，实现国家现代化，让中国人民富裕起来，振兴伟大的中华民族；就是要推动我国社会主义制度自我完善和发展，赋予社会主义新的生机活力，建设和发展中国特色社会主义；就是要在引领当代中国发展进步中加强和改进党的建设，保持和发展党的先进性，确保党始终走在时代前列。

30年来，以邓小平同志为核心的党的第二代中央领导集体、以江泽民同志为核心的党的第三代中央领导集体和党的十六大以来的中央领导集体，团结带领全党全国各族人民，承前启后，继往开来，接力推进改革开放伟大事业，谱写了中华民族自强不息、顽强奋进新的壮丽史诗。我们党先后召开 6 次全国代表大会、45次中央全会，及时研究新情况、解决新问题、总结新经验，集中全党全国各族人民智慧，形成了党的基本理论、基本路线、基本纲领、基本经验，制定和作出了指导改革开放和社会主义现代化建设的一整套方针政策和工作部署，成功开辟了中国特色社会主义道路。

今天，13亿中国人民大踏步赶上了时代潮流，稳定走上了奔向富裕安康的广阔道路，中国特色社会主义充满蓬勃生机，为人类文明进步作出重大贡献的中华民族以前所未有的雄姿巍然屹立在世界东方。

30年来，我们始终以改革开放为强大动力，在新中国成立以后取得成就的基础上，推动党和国家各项事业取得举世瞩目的新的伟大成就。

我们锐意推进各方面体制改革，使我国成功实现了从高度集中的计划经济体制到充满活力的社会主义市场经济体制的伟大历史转折。我们建立和完善社会主义市场经济体制，建立以家庭承包经营为基础、统分结合的农村双层经营体制，形成公有制为主体、多种所有制经济共同发展的基本经济制度，形成按劳分配为主体、多种分配方式并存的分配制度，形成在国家宏观调控下市场对资源配置发挥基础性作用的经济管理制度。在不断深化经济体制改革的同时，不断深化政治体制、文化体制、社会体制以及其他各方面体制改革，不断形成和发展符合当代中国国情、充满生机活力的新的体制机制，为我国经济繁荣发展、社会和谐稳定提供了有力制度保障。

我们不断扩大对外开放，使我国成功实现了从封闭半封闭到全方位开放的伟大历史转折。我们坚持对外开放的基本国策，打开国门搞建设，加快发展开放型经济。从建立经济特区到开放沿海、沿江、沿边、内陆地区再到加入世界贸易组织，从大规模“引进来”到大踏步“走出去”，利用国际国内两个市场、两种资源水平显著提高，国际竞争力不断增强。从1978年到2007年，我国进出口总额从206亿美元提高到21737亿美元、跃居世界第三，外汇储备跃居世界第一，对外投资大幅增长，实际使用外资额累计近10000亿美元。广泛深入的国际合作加快了我国经济发展，也为世界经济发展作出了重大贡献。

我们坚持以经济建设为中心，我国综合国力迈上新台阶。从1978年到2007年，我国国内生产总值由3645亿元增长到24.95万亿元，年均实际增长9.8%，是同期世界经济年均增长率的3倍多，我国经济总量上升为世界第四。我们依靠自己力量稳定解决了13亿人口吃饭问题。我国主要农产品和工业品产量已居世界第一，具有世界先进水平的重大科技创新成果不断涌现，高新技术产业蓬勃发展，水利、能源、交通、通信等基础设施建设取得突破性进展，生态文明建设不断推进，城乡面貌焕然一新。

我们着力保障和改善民生，人民生活总体上达到小康水平。这30年是我国城乡居民收入增长最快、得到实惠最多的时期。从1978年到2007年，全国城镇居民人均可支配收入由343元增加到13786元，实际增长6.5倍；农民人均纯收入由134元增加到4140元，实际增长6.3倍；农村贫困人口从2.5亿减少到1400多万。城市人均住宅建筑面积和农村人均住房面积成倍增加。群众家庭财产普遍增多，吃穿住行用水平明显提高。改革开放前长期困扰我们的短缺经济状况已经从根本上得到改变。

我们大力发展社会主义民主政治，人民当家作主权利得到更好保障。政治体制改革不断深化，人民代表大会制度、中国共产党领导的多党合作和政治协商制度、民族区域自治制度以及基层群众自治制度日益完善，中国特色社会主义法律体系基本形成，依法治国基本方略有效实施，社会主义法治国家建设取得重要进展，公民有序政治参与不断扩大，人权事业全面发展。爱国统一战线发展壮大，政党关系、民族关系、宗教关系、阶层关系、海内外同胞关系更加和谐。

我们大力发展社会主义先进文化，人民日益增长的精神文化需求得到更好满足。社会主义核心价值体系建设取得重大进展，马克思主义思想理论建设卓有成效，群众性精神文明创建活动、公民道德建设、青少年思想道德建设全面推进，文化事业生机盎然，文化产业空前繁荣，国家文化软实力不断增强，人们精神世界日益丰富，全民族文明素质明显提高，中华民族的凝聚力和向心力显著增强。

我们大力发展社会事业，社会和谐稳定得到巩固和发展。城乡免费九年义务教育全面实现，高等教育总规模、大中小学在校生数量位居世界第一，办学质量不断提高。就业规模持续扩大，全社会创业活力明显增强。社会保障制度建设加快推进，覆盖城乡居民的社会保障体系初步形成。公共卫生服务体系和基本医疗服务体系不断健全，新型农村合作医疗制度覆盖全国。社会管理不断改进，社会大局保持稳定。

我们坚持党对军队绝对领导，国防和军队建设取得重大成就。军队革命化、现代化、正规化建设全面加强，新时期军事战略方针扎实贯彻，中国特色军事变革加速推进，中国特色精兵之路成功开辟，裁减军队员额任务顺利完成，军队武器装备建设成效显著。军队、武警部队停止一切经商活动。军政军民团结不断巩固。人民军队履行新世纪新阶段历史使命能力全面增强，在保卫祖国、建设祖国特别是抗击各种自然灾害中发挥了重要作用。

我们成功实施“一国两制”基本方针，祖国和平统一大业迈出重大步伐。香港、澳门回归祖国，“一国两制”、“港人治港”、“澳人治澳”、高度自治的方针得到全面贯彻执行，香港特别行政区、澳门特别行政区保持繁荣稳定。祖国大陆同台湾的经济文化交流和人员往来不断加强，两岸政党交流成功开启，两岸全面直接双向“三通”迈出历史性步伐，反对“台独”分裂活动斗争取得重要成果，两岸关系和平发展呈现新的前景。

我们坚持奉行独立自主的和平外交政策，全方位外交取得重大成就。我们恪守维护世界和平、促进共同发展的外交政策宗旨，同发达国家关系全面发展，同周边国家睦邻友好不断深化，同发展中国家传统友谊更加巩固。我国积极参与多边事务，承担相应国际义务。我国国际地位和国际影响显著上升，在国际事务中发挥了重要建设性作用。

我们坚持党要管党、从严治党，党的领导水平和执政水平、拒腐防变和抵御风险能力明显提高。党的建设新的伟大工程全面推进，执政能力建设和先进性建设深入进行，思想理论建设成效显著，党内民主不断扩大，党内生活准则和制度不断健全，党的各级组织不断加强，干部队伍和人才队伍朝气蓬勃，党的作风建设全面加强，党内法规更加完善，反腐倡廉建设深入推进，党领导改革开放和社会主义现代化建设能力显著提高，党在中国特色社会主义事业中的领导核心作用不断增强。

30年来，国际局势风云变幻，改革任务艰巨繁重，党和人民经历和战胜了前所未有的严峻考验和挑战。我们从容应对一系列关系我国主权和安全的国际突发事件，战胜在政治、经济领域和自然界出现的困难和风险。无论是面对东欧剧变、苏联解体和国内严重政治风波，还是面对西化、分化图谋和所谓的“制裁”，无论是面对历史罕见的洪涝、雨雪冰冻、地震等重大自然灾害和“非典”等重大疫病，还是面对亚洲金融危机和当前这场国际金融危机，党和人民始终同心同德、奋勇向前。特别是在决定党和国家前途命运的重大历史关头，我们党紧紧依靠全国各族人民，坚持党的十一届三中全会以来的路线不动摇，排除各种干扰，坚定不移地捍卫中国特色社会主义伟大事业，保证了改革开放和社会主义现代化建设航船始终沿着正确方向破浪前进。今年以来，抗击南方部分地区严重低温雨雪冰冻灾害和四川汶川特大地震灾害斗争取得重大胜利，北京奥运会、残奥会圆满成功，“神舟七号”载人航天飞行任务顺利完成，应对国际金融危机取得积极成效，这些都生动展现了在改革开放中不断发展壮大的中国共产党和中国社会主义国家政权的伟大力量，展现了阔步前进的13亿中国人民的伟大力量，展现了改革开放的伟大力量，展现了中国特色社会主义的伟大力量。

经过30年的不懈奋斗，我们胜利实现了我们党提出的现代化建设“三步走”战略的前两步战略目标，正在向第三步战略目标阔步前进。30年的伟大成就，为我们党、我们国家、我们人民继续前进奠定了坚实基础。实践充分证明，党的十一届三中全会以来我们党团结带领人民开辟的中国特色社会主义道路、形成的理论和路线方针政策是完全正确的。党的十一届三中全会的伟大意义和深远影响，已经、正在并将进一步在党和国家事业蓬勃发展的进程中充分显现出来。

改革开放的伟大成就，是全党全国各族人民团结奋斗的结果。一切亲身经历了这30年伟大变革并贡献了自己力量的中华儿女，一切关心祖国命运的华夏子孙，都有理由为我国改革开放的历史性成就感到自豪。在这里，我代表党中央、国务院，向各条战线上为改革开放和社会主义现代化建设贡献了智慧和力量的广大工人、农民、知识分子、干部、解放军指战员、武警部队官兵、公安民警，向各民主党派、各人民团体、各界爱国人士，致以崇高的敬意！向为祖国现代化建设和祖国和平统一大业作出积极努力的香港特别行政区同胞、澳门特别行政区同胞、台湾同胞和海外侨胞，致以诚挚的问候！向一切关心和支持中国现代化建设的外国朋友和世界各国人民，表示衷心的感谢！

此时此刻，我们更加深切地怀念毛泽东同志、邓小平同志等老一辈革命家。没有以毛泽东同志为核心的党的第一代中央领导集体团结带领全党全国各族人民浴血奋斗，就没有新中国，就没有中国社会主义制度。没有以邓小平同志为核心的党的第二代中央领导集体团结带领全党全国各族人民改革创新，就没有改革开放历史新时期，就没有中国特色社会主义。此时此刻，我们要向以江泽民同志为核心的党的第三代中央领导集体致以崇高的敬意，他们团结带领全党全国各族人民高举邓小平理论伟大旗帜，继承和发展了改革开放伟大事业，把这一伟大事业成功推向21世纪。全党全国各族人民要永远铭记党的三代中央领导集体的伟大历史功绩！

同志们！

改革开放以来我们取得一切成绩和进步的根本原因，归结起来就是：开辟了中国特色社会主义道路，形成了中国特色社会主义理论体系。在30年的创造性实践中，我们经过艰辛探索，积累了宝贵经验。概括起来说，就是党的十七大阐明的“十个结合”。

（一）必须把坚持马克思主义基本原理同推进马克思主义中国化结合起来，解放思想、实事求是、与时俱进，以实践基础上的理论创新为改革开放提供理论指导。30年来，我国改革开放取得伟大成功，关键是我们既坚持马克思主义基本原理，又根据当代中国实践和时代发展不断推进马克思主义中国化，形成和发展了包括邓小平理论、“三个代表”重要思想以及科学发展观等重大战略思想在内的中国特色社会主义理论体系，赋予当代中国马克思主义勃勃生机。

马克思主义是我们立党立国的根本指导思想。坚持和巩固马克思主义指导地位，是党和人民团结一致、始终沿着正确方向前进的根本思想保证。同时，马克思主义只有同本国国情和时代特征紧密结合，在实践中不断丰富和发展，才能更好发挥指导实践的作用。党的十一届三中全会重新确立了党的思想路线，这就是：一切从实际出发，理论联系实际，实事求是，在实践中检验真理和发展真理。在改革开放实践中，我们坚持解放思想和实事求是的统一，大力发扬求真务实精神，不断深化对共产党执政规律、社会主义建设规律、人类社会发展规律的认识，自觉把思想认识从那些不合时宜的观念、做法和体制的束缚中解放出来，从对马克思主义的错误的和教条式的理解中解放出来，从主观主义和形而上学的桎梏中解放出来，以实践基础上的理论创新回答了一系列重大理论和实际问题，为改革开放提供了体现时代性、把握规律性、富于创造性的理论指导，开辟了马克思主义新境界。中国特色社会主义理论体系是马克思主义中国化最新成果，是党最可宝贵的政治和精神财富，是全国各族人民团结奋斗的共同思想基础，是扎根于当代中国的科学社会主义。我们要始终坚持用中国特色社会主义理论体系武装全党、教育人民，不断提高全党的马克思主义理论水平，使中国特色社会主义理论体系更加深入人心、更好发挥指导作用。

（二）必须把坚持四项基本原则同坚持改革开放结合起来，牢牢扭住经济建设这个中心，始终保持改革开放的正确方向。30年来，我们毫不动摇地坚持党的基本路线，既以四项基本原则保证改革开放的正确方向，又通过改革开放赋予四项基本原则新的时代内涵，坚持把以经济建设为中心同四项基本原则、改革开放这两个基本点统一于发展中国特色社会主义的伟大实践，使中国特色社会主义在当今世界的深刻变化和当代中国的深刻变革中牢牢站住了、站稳了，成为充满生机活力的社会主义。

我们党作出我国仍处于并将长期处于社会主义初级阶段的科学论断，形成了党在社会主义初级阶段的基本路线，这就是：领导和团结全国各族人民，以经济建设为中心，坚持四项基本原则，坚持改革开放，自力更生，艰苦创业，为把我国建设成为富强民主文明和谐的社会主义现代化国家而奋斗。以经济建设为中心是兴国之要，是我们党、我们国家兴旺发达和长治久安的根本要求。四项基本原则是立国之本，是我们党、我们国家生存发展的政治基石；改革开放是强国之路，是我们党、我们国家发展进步的活力源泉。一个中心、两个基本点，是相互贯通、相互依存、不可分割的统一整体，须臾不可偏离、丝毫不可偏废，必须全面坚持、一以贯之。离开经济建设这个中心，社会主义社会的一切发展和进步就会失去物质基础；离开四项基本原则和改革开放，经济建设就会迷失方向和丧失动力。发展中国特色社会主义，最根本的就是一切都要从社会主义初级阶段这个最大的实际出发。在社会主义初级阶段这个不发达阶段，社会主要矛盾是人民日益增长的物质文化需要同落后的社会生产之间的矛盾。这就决定了社会主义的根本任务是解放和发展社会生产力，不断改善人民生活。中国解决所有问题的关键在于依靠自己的发展。30年来，我们既毫不动摇地坚持发展是硬道理的战略思想，牢牢扭住经济建设这个中心，不断解放和发展社会生产力，不断夯实我国社会主义制度的物质基础，又毫不动摇地坚持四项基本原则、坚持改革开放。党的基本路线是兴国、立国、强国的重大法宝，是实现科学发展的政治保证，是党和国家的生命线、人民群众的幸福线。我们要始终坚持党的基本路线不动摇，做到思想上坚信不疑、行动上坚定不移，决不走封闭僵化的老路，也决不走改旗易帜的邪路，而是坚定不移地走中国特色社会主义道路。

（三）必须把尊重人民首创精神同加强和改善党的领导结合起来，坚持执政为民、紧紧依靠人民、切实造福人民，在充分发挥人民创造历史作用中体现党的领导核心作用。30年来，我们坚持人民创造历史这一马克思主义科学原理，真诚代表中国最广大人民的根本利益，紧紧依靠人民，最广泛地调动人民群众的积极性、主动性、创造性，从人民中汲取智慧，加强和改善党的领导，使党得到人民充分信赖和拥护，始终发挥领导核心作用，为改革开放和社会主义现代化建设凝聚起强大力量、提供根本政治保证。

人民群众是党的力量源泉和胜利之本。改革开放是人民的要求和党的主张的内在统一，是亿万人民自己的事业。我们坚持一切为了群众、一切依靠群众，从群众中来，到群众中去，把党的正确主张变为群众的自觉行动，坚持尊重社会发展规律与尊重人民历史主体地位的一致性，坚持为崇高理想奋斗与为最广大人民谋利益的一致性，坚持完成党的各项工作与实现人民利益的一致性。我们把人民拥护不拥护、赞成不赞成、高兴不高兴、答应不答应作为制定各项方针政策的出发点和落脚点，一切以是否有利于发展社会主义社会生产力、有利于增强社会主义国家综合国力、有利于提高人民生活水平这“三个有利于”为根本判断标准，坚持问政于民、问需于民、问计于民，既通过提出和贯彻正确的理论和路线方针政策带领人民前进，又从人民的实践创造和发展要求中获得前进动力。我们尊重人民主体地位，发挥人民首创精神，贯彻尊重劳动、尊重知识、尊重人才、尊重创造的重大方针，坚持全心全意依靠工人阶级，发挥我国工人阶级和农民阶级、其他劳动群众推动我国生产力发展基本力量的作用，又支持新的社会阶层发挥中国特色社会主义事业建设者的作用，使全体人民都满腔热情地投身改革开放伟大事业。我们坚持全心全意为人民服务的根本宗旨，坚持立党为公、执政为民，通过改革发展为人民群众造福，实现好、维护好、发展好最广大人民的根本利益。我们要始终坚持同广大人民群众心连心、同呼吸、共命运，在人民的实践创造中吸取营养，丰富和完善党的主张，使我们党在世界形势深刻变化的历史进程中始终走在时代前列，在应对国内外各种风险考验的历史进程中始终成为全国各族人民的主心骨，在发展中国特色社会主义的历史进程中始终成为坚强领导核心。

（四）必须把坚持社会主义基本制度同发展市场经济结合起来，发挥社会主义制度的优越性和市场配置资源的有效性，使全社会充满改革发展的创造活力。30年来，我们既在深刻而广泛的变革中坚持社会主义基本制度，又创造性地在社会主义条件下发展市场经济，使经济活动遵循价值规律的要求，不断解放和发展社会生产力，增强综合国力，提高人民生活水平，更好实现经济建设这个中心任务。建立和完善社会主义市场经济体制，是我们党对马克思主义和社会主义的历史性贡献。

我们党带领人民干的是社会主义事业，必须坚持党的领导、保证人民当家做主，必须坚持公有制为主体、按劳分配为主体，同时又必须积极探索能够极大解放和发展社会生产力、充分发挥全社会发展积极性的体制机制，放手让一切劳动、知识、技术、管理、资本的活力竞相迸发，让一切创造社会财富的源泉充分涌流。我们党提出把社会主义市场经济体制确立为我国经济体制改革的目标模式，正确解决了关系整个社会主义现代化建设全局的一个重大问题。我们着力建立和完善社会主义市场经济体制，发挥市场在资源配置中的基础性作用，推动建立现代产权制度和现代企业制度，同时又注重加强和完善国家对经济的宏观调控，克服市场自身存在的某些缺陷，促进国民经济充满活力、富有效率、健康运行。我们毫不动摇地巩固和发展公有制经济、发挥国有经济主导作用，积极推行公有制多种有效实现形式，增强国有经济活力、控制力、影响力，同时又毫不动摇地鼓励、支持、引导非公有制经济发展，形成各种所有制经济平等竞争、相互促进新格局。我们坚持和完善按劳分配为主体、多种分配方式并存的分配制度，既鼓励先进、促进发展，又注重社会公平、防止两极分化。我们要始终坚持社会主义市场经济的改革方向，继续完善社会主义市场经济体制，继续加强和改善宏观调控体系，不断为经济社会又好又快发展提供强大动力。

（五）必须把推动经济基础变革同推动上层建筑改革结合起来，不断推进政治体制改革，为改革开放和社会主义现代化建设提供制度保证和法制保障。30年来，我们既积极推进经济体制改革，又积极推进政治体制改革，发展社会主义民主政治，建设社会主义法治国家，保证人民当家做主，不断推动我国社会主义上层建筑与经济基础相适应，社会主义民主政治展现出更加旺盛的生命力。

我国是工人阶级领导的、以工农联盟为基础的人民民主专政的社会主义国家。人民民主是社会主义的生命，人民当家做主是社会主义民主政治的本质和核心。没有民主就没有社会主义，就没有社会主义现代化。我们顺应经济社会发展变化、适应人民政治参与积极性不断提高，以保证人民当家做主为根本，以增强党和国家活力、调动人民积极性为目标，不断发展社会主义政治文明。我们依法实行民主选举、民主决策、民主管理、民主监督，保障人民的知情权、参与权、表达权、监督权，坚持科学执政、民主执政、依法执政，推进决策科学化、民主化，最广泛地动员和组织人民依法管理国家事务和社会事务、管理经济和文化事业。我们坚持科学立法、民主立法，建立和完善中国特色社会主义法律体系，树立社会主义法治理念，坚持公民在法律面前一律平等，尊重和保障人权，推进依法行政，深化司法体制改革，推进国家各项工作法治化，维护社会公平正义，维护社会主义法制的统一、尊严、权威。我国政治体制改革是社会主义政治制度自我完善和发展，必须坚持中国特色社会主义政治发展道路，坚持党的领导、人民当家做主、依法治国有机统一，坚持社会主义政治制度的特点和优势，坚持从我国国情出发。我们需要借鉴人类政治文明有益成果，但绝不照搬西方政治制度模式。我们要始终坚定不移地发展社会主义政治文明，深化政治体制改革，坚持和完善人民代表大会制度、中国共产党领导的多党合作和政治协商制度、民族区域自治制度以及基层群众自治制度，壮大爱国统一战线，推进社会主义民主政治制度化、规范化、程序化，更好保证人民当家做主，巩固和发展民主团结、生动活泼、安定和谐的政治局面。

（六）必须把发展社会生产力同提高全民族文明素质结合起来，推动物质文明和精神文明协调发展，更加自觉、更加主动地推动文化大发展大繁荣。30年来，我们既重视物的发展即社会生产力的发展，又重视人的发展即全民族文明素质的提高，坚持物质文明和精神文明两手抓，实行依法治国和以德治国相结合，以科学的理论武装人、以正确的舆论引导人、以高尚的情操塑造人、以优秀的作品鼓舞人，着力培育有理想、有道德、有文化、有纪律的公民，不断提高全民族的思想道德素质和科学文化素质，为改革开放和社会主义现代化建设提供强大精神动力和智力支持、营造良好舆论环境。

中国特色社会主义是全面发展、全面进步的事业，是物质文明和精神文明相辅相成、协调发展的事业。物质贫乏不是社会主义，精神空虚也不是社会主义。人的素质是历史的产物，又给历史以巨大影响。任何时候都不能以牺牲精神文明为代价换取经济的一时发展。我们把社会主义核心价值体系建设作为主线，贯穿到国民教育和精神文明建设全过程，坚持不懈地用马克思主义中国化最新成果武装全党、教育人民，用中国特色社会主义共同理想凝聚力量，用以爱国主义为核心的民族精神和以改革创新为核心的时代精神鼓舞斗志，用社会主义荣辱观引领风尚，巩固全党全国各族人民团结奋斗的共同思想基础。我们积极探索用社会主义核心价值体系引领社会思潮的有效途径，既尊重差异、包容多样，又有力抵制各种错误和腐朽思想的影响。我们着力发展面向现代化、面向世界、面向未来的，民族的科学的大众的社会主义文化，贴近实际、贴近生活、贴近群众，深化文化体制改革，大力推进文化创新，激发全民族文化创造活力，提高国家文化软实力，推动文化事业和文化产业不断发展、文化市场更加繁荣，使人民基本文化权益得到更好保障。我们要始终坚持社会主义先进文化前进方向，兴起社会主义文化建设新高潮，在中国特色社会主义的伟大实践中进行文化创造，让人民共享文化发展成果，使社会文化生活更加丰富多彩、人民精神风貌更加昂扬向上。

（七）必须把提高效率同促进社会公平结合起来，实现在经济发展的基础上由广大人民共享改革发展成果，推动社会主义和谐社会建设。30年来，我们既高度重视通过提高效率来增强社会活力、促进经济发展，又高度重视在经济发展的基础上通过实现社会公平来促进社会和谐，坚持以人为本，以解决人民最关心最直接最现实的利益问题为重点，着力发展社会事业，着力完善收入分配制度，保障和改善民生，走共同富裕道路，努力形成全体人民各尽其能、各得其所而又和谐相处的局面，为改革开放和社会主义现代化建设营造良好社会环境。

实现社会公平正义是中国特色社会主义的内在要求，处理好效率和公平的关系是中国特色社会主义的重大课题。讲求效率才能增添活力，注重公平才能促进和谐，坚持效率和公平有机结合才能更好体现社会主义的本质。我们通过深化改革、实行正确方针政策，努力提高全社会推动经济发展和其他各项事业发展的积极性，最大限度激发全社会的创造活力和发展活力。同时，在我国改革发展关键阶段，在经济体制深刻变革、社会结构深刻变动、利益格局深刻调整、思想观念深刻变化的条件下，我们把提高效率同更加注重社会公平结合起来，最大限度增加和谐因素，最大限度减少不和谐因素，不断促进经济效率提高、促进社会和谐。我们把实现好、维护好、发展好最广大人民的根本利益作为党和国家一切工作的出发点和落脚点，坚持发展为了人民、发展依靠人民、发展成果由人民共享，优先发展教育，大力促进就业，不断提高城乡居民收入，加快建立覆盖城乡居民的社会保障体系，加快发展医疗卫生事业，切实加强社会管理，加强生态文明建设，努力使全体人民学有所教、劳有所得、病有所医、老有所养、住有所居。我们要始终按照民主法治、公平正义、诚信友爱、充满活力、安定有序、人与自然和谐相处的总要求，大力发展社会事业，促进社会公平正义，努力形成社会和谐人人有责、和谐社会人人共享的生动局面。

（八）必须把坚持独立自主同参与经济全球化结合起来，统筹好国内国际两个大局，为促进人类和平与发展的崇高事业作出贡献。30年来，我们既高度珍惜并坚定不移地维护中国人民经过长期奋斗得来的独立自主权利，又坚持对外开放的基本国策，始终站在国际大局与国内大局相互联系的高度审视中国和世界的发展问题，思考和制定中国的发展战略，坚持独立自主的和平外交政策，坚持和平发展道路，坚持互利共赢的开放战略，推动建设持久和平、共同繁荣的和谐世界，为我国发展争取良好国际环境，也为世界和平与发展作出重要贡献。

当代中国的前途命运已日益紧密地同世界的前途命运联系在一起。中国的发展离不开世界，世界的发展也需要中国。在当今世界，任何国家关起门来搞建设都是不能成功的。我们全面分析判断世界多极化趋势增强、经济全球化深入发展的外部环境，全面把握当今世界发展变化带来的机遇和挑战，既坚持独立自主，又勇敢参与经济全球化。在我们这样一个人口众多的发展中社会主义大国，任何时候都必须把独立自主、自力更生作为自己发展的根本基点，任何时候都要坚持中国人民自己选择的社会制度和发展道路，始终把国家主权和安全放在第一位，坚决维护国家主权、安全、发展利益，坚持中国的事情按照中国的情况来办、依靠中国人民自己的力量来办，坚决反对外部势力干涉我国内部事务。对于一切国际事务，都要从中国人民的根本利益和各国人民的共同利益出发、根据事情本身的是非曲直确定我们的立场和政策，按照冷静观察、沉着应对的方针和相互尊重、求同存异的精神进行处理，不屈从于任何外来压力。同时，我们在坚持和平共处五项原则的基础上同所有国家开展交流合作，积极促进世界多极化、推进国际关系民主化，尊重世界多样性，反对霸权主义和强权政治。我们不断扩大对外开放，把“引进来”和“走出去”紧密结合起来，认真学习借鉴人类社会创造的一切文明成果，坚持趋利避害，形成经济全球化条件下参与国际经济合作和竞争新优势，推动经济全球化朝着均衡、普惠、共赢方向发展，共同呵护人类赖以生存的地球家园，促进人类文明繁荣进步。我们要始终高举和平、发展、合作旗帜，既利用和平的国际环境发展自己，又通过自己的发展维护世界和平。

（九）必须把促进改革发展同保持社会稳定结合起来，坚持改革力度、发展速度和社会可承受程度的统一，确保社会安定团结、和谐稳定。30年来，我们既大力推进改革发展，又正确处理改革发展稳定关系，坚持改革是动力、发展是目的、稳定是前提，把不断改善人民生活作为处理改革发展稳定关系的重要结合点，在社会稳定中推进改革发展，通过改革发展促进社会稳定，在当今世界发生广泛而深刻的变化、当代中国发生广泛而深刻的变革的大环境下，始终保持社会大局稳定。

实现改革发展稳定的统一，是关系我国社会主义现代化建设全局的重要指导方针。推动社会主义现代化不断前进，必须自觉调整和改革生产关系与生产力、上层建筑与经济基础不相适应的方面和环节。我们既坚定不移地大胆探索、勇于创新，又总揽全局、突出重点，先易后难、循序渐进，在实践中积累经验，不断提高改革决策的科学性、增强改革措施的协调性，推进经济体制、政治体制、文化体制、社会体制以及其他各方面体制改革相协调，使改革获得广泛而深厚的群众基础。我们及时总结改革的实践经验，对的就坚持，不对的赶快改，新问题出来抓紧研究解决。同时，我们深刻认识到，发展是硬道理，稳定是硬任务；没有稳定，什么事情也办不成，已经取得的成果也会失去。我们正确把握和处理经济社会生活中出现的各种矛盾，加强和改进思想政治工作，健全党和政府主导的维护群众权益机制，及时妥善处理人民内部矛盾，依法打击各种违法犯罪活动，警惕和防范国内外敌对势力的渗透破坏活动，坚决维护社会稳定和国家安全。我们要始终从维护我国发展的重要战略机遇期、维护国家安全、维护最广大人民根本利益的高度出发，全面把握我国社会稳定大局，有效应对影响社会稳定的各种问题和挑战，确保人民安居乐业、社会安定有序、国家长治久安。

（十）必须把推进中国特色社会主义伟大事业同推进党的建设新的伟大工程结合起来，加强党的执政能力建设和先进性建设，提高党的领导水平和执政水平、拒腐防变和抵御风险能力。30年来，我们既紧紧围绕推进中国特色社会主义事业来推进党的建设，又通过加强和改进党的建设来推进中国特色社会主义事业，顺应世情、国情、党情的新变化，明确党的历史方位，坚持党要管党、从严治党，坚持以改革创新精神加强党的自身建设，不断提高党的执政能力、保持和发展党的先进性，不断增强党的阶级基础和扩大党的群众基础，不断提高拒腐防变和抵御风险能力，始终保持党同人民群众的血肉联系，使党始终成为中国特色社会主义事业的坚强领导核心。

坚持和改善党的领导，是我们事业胜利前进的根本保证。要把十几亿人的思想和力量统一和凝聚起来，齐心协力发展中国特色社会主义，没有中国共产党的坚强统一领导是不可设想的。我们深刻认识到，党的先进性和党的执政地位都不是一劳永逸、一成不变的，过去先进不等于现在先进，现在先进不等于永远先进；过去拥有不等于现在拥有，现在拥有不等于永远拥有。党要承担起人民和历史赋予的重大使命，必须认真研究自身建设遇到的新情况新问题，在领导改革发展中不断认识自己、加强自己、提高自己。我们坚持不懈地加强党的自身建设，在不断解放思想中统一全党思想，在加强党的执政能力建设和先进性建设中推进高素质干部队伍建设，在增强党的阶级基础的同时扩大党的群众基础，在继承党的优良传统的同时弘扬时代精神，使党始终坚持工人阶级先锋队、中国人民和中华民族先锋队的性质，坚持马克思主义指导地位，坚持全心全意为人民服务的宗旨，发扬优良传统和作风，不断增强创造力、凝聚力、战斗力。我们高度重视提高党员、干部队伍素质特别是思想政治素质，使广大党员、干部坚持把党和人民利益摆在第一位，牢记“两个务必”，做到权为民所用、情为民所系、利为民所谋，坚持讲党性、重品行、作表率，经受住长期执政考验、改革开放考验、发展社会主义市场经济考验。我们要始终坚持以改革创新精神加强党的建设，把党的执政能力建设和先进性建设作为主线，坚持党要管党、从严治党，贯彻为民、务实、清廉的要求，以坚定理想信念为重点加强思想建设，以造就高素质党员、干部队伍为重点加强组织建设，以保持党同人民群众的血肉联系为重点加强作风建设，以健全民主集中制为重点加强制度建设，以完善惩治和预防腐败体系为重点加强反腐倡廉建设，使党始终成为立党为公、执政为民，求真务实、改革创新，艰苦奋斗、清正廉洁，富有活力、团结和谐的马克思主义执政党。

30年来，我们在一个十几亿人口的发展中社会主义大国取得的摆脱贫困、加快现代化进程、巩固和发展社会主义的宝贵经验，闪耀着马克思主义的真理光芒，是辩证唯物主义和历史唯物主义的胜利。我国人口多、底子薄，发展很不平衡。我们在推进改革开放和社会主义现代化建设中所肩负任务的艰巨性和繁重性世所罕见，我们在改革发展稳定中所面临矛盾和问题的规模和复杂性世所罕见，我们在前进中所面对的困难和风险也世所罕见。要妥善解决这些矛盾和问题、战胜这些困难和风险，就必须善于从千头万绪、纷繁复杂的事物和事物的普遍联系中抓住主要矛盾和矛盾的主要方面，同时又必须善于统筹协调、把握平衡，在事物的普遍发展中形成有利于突破主要矛盾和矛盾主要方面的合力，不断提高驾驭复杂局面、解决复杂问题能力，不断推动经济社会向前发展。

30年来，我们党的全部理论和全部实践，归结起来就是创造性地探索和回答了什么是马克思主义、怎样对待马克思主义，什么是社会主义、怎样建设社会主义，建设什么样的党、怎样建设党，实现什么样的发展、怎样发展等重大理论和实际问题。30年的历史经验归结到一点，就是把马克思主义基本原理同中国具体实际相结合，走自己的路，建设中国特色社会主义。30年的经验是极为宝贵的财富，全党同志要倍加珍惜和自觉运用这些宝贵经验。

同志们！

中华民族具有5000多年的悠久历史。在漫长的历史长河中，我国各族人民团结奋斗、自强不息，开发了祖国的锦绣河山，创造了灿烂的中华文明，为人类文明进步作出了不可磨灭的巨大贡献。鸦片战争以后，由于西方列强的侵略和封建统治的腐朽，中国逐步沦为半殖民地半封建社会，国家积贫积弱，社会战乱不已，人民生灵涂炭。为了实现中华民族伟大复兴，无数仁人志士奋起寻求救国救民、振兴中华的道路。近一个世纪以来，我国先后发生3次伟大革命。第一次革命是孙中山先生领导的辛亥革命，推翻了统治中国几千年的君主专制制度，为中国的进步打开了闸门。第二次革命是中国共产党领导的新民主主义革命和社会主义革命，推翻了帝国主义、封建主义、官僚资本主义在中国的统治，建立了新中国，确立了社会主义制度，为当代中国一切发展进步奠定了根本政治前提和制度基础。第三次革命是我们党领导的改革开放这场新的伟大革命，引领中国人民走上了中国特色社会主义广阔道路，迎来中华民族伟大复兴光明前景。

我们的伟大目标是，到我们党成立100年时建成惠及十几亿人口的更高水平的小康社会，到新中国成立100年时基本实现现代化，建成富强民主文明和谐的社会主义现代化国家。只要我们不动摇、不懈怠、不折腾，坚定不移地推进改革开放，坚定不移地走中国特色社会主义道路，就一定能够胜利实现这一宏伟蓝图和奋斗目标。

30年来，我们取得了伟大成就，但同我们的远大目标相比，同人民群众对美好生活的期待相比，我们没有任何理由骄傲自满、固步自封。我们必须清醒地看到，我国仍处于并将长期处于社会主义初级阶段的基本国情没有变，人民日益增长的物质文化需要同落后的社会生产之间的矛盾这一社会主要矛盾没有变，当前我国发展呈现出一系列新的阶段性特征。我国生产力水平总体上还不高，自主创新能力还不强，长期形成的结构性矛盾和粗放型增长方式尚未根本改变，影响发展的体制机制障碍依然存在，城乡贫困人口和低收入人口还有相当数量，农业基础薄弱、农村发展滞后的局面尚未改变，缩小城乡、区域发展差距和促进经济社会协调发展任务艰巨，社会建设和管理面临诸多新课题，党和国家工作中还存在缺点和不足，人民群众还有不少不满意的地方。在前进道路上，我们还会遇到这样那样的困难和风险。改革发展任重道远。全党同志一定要更加兢兢业业地工作，永远不辜负人民的信任和期望。全国各族人民一定要更加同心同德地奋斗，永远保持和发扬自强不息的进取精神。

党的十一届三中全会以来30年的伟大历程和伟大成就深刻昭示我们：改革开放是决定当代中国命运的关键抉择，是发展中国特色社会主义、实现中华民族伟大复兴的必由之路；只有社会主义才能救中国，只有改革开放才能发展中国、发展社会主义、发展马克思主义；改革开放符合党心民心、顺应时代潮流，方向和道路是完全正确的，成效和功绩不容否定，停顿和倒退没有出路。

在新的国际国内形势下和新的历史起点上，我们必须坚定不移地坚持党的十一届三中全会以来开辟的中国特色社会主义道路，坚定不移地坚持党的基本理论、基本路线、基本纲领、基本经验，勇于变革、勇于创新，永不僵化、永不停滞，不为任何风险所惧，不被任何干扰所惑，继续奋勇推进改革开放和社会主义现代化事业。

我们一定要坚持高举中国特色社会主义伟大旗帜，继续推进马克思主义中国化。高举中国特色社会主义伟大旗帜，最根本的就是要坚持中国特色社会主义道路和中国特色社会主义理论体系。经过30年的实践探索和理论创新，我们对中国特色社会主义在认识上更深化、把握上更深刻了。中国特色社会主义道路，就是在中国共产党领导下，立足基本国情，以经济建设为中心，坚持四项基本原则，坚持改革开放，解放和发展社会生产力，巩固和完善社会主义制度，建设社会主义市场经济、社会主义民主政治、社会主义先进文化、社会主义和谐社会，建设富强民主文明和谐的社会主义现代化国家。在当代中国，坚持中国特色社会主义道路，就是真正坚持社会主义；坚持中国特色社会主义理论体系，就是真正坚持马克思主义。《共产党宣言》问世以来160年的实践证明，马克思主义是与时俱进的开放的理论体系。中国特色社会主义理论体系，既展现了当代中国马克思主义的勃勃生机，又为我们继续进行理论创新打开了广阔空间。发展中国特色社会主义是一项长期历史任务，必须坚持不懈地为之奋斗。发展中国特色社会主义理论体系也是一项长期历史任务，必须随着中国特色社会主义实践的发展而发展。我们要坚持解放思想、实事求是、与时俱进，坚持以我国改革开放和现代化建设的实际问题、以我们正在做的事情为中心，着眼于马克思主义理论的运用，着眼于对实际问题的理论思考，着眼于新的实践和新的发展，深入研究和回答重大理论和现实问题，不断把党带领人民创造的成功经验上升为理论，不断赋予当代中国马克思主义鲜明的实践特色、民族特色、时代特色，不断推动当代中国马克思主义大众化，让当代中国马克思主义放射出更加灿烂的真理光芒。

我们一定要坚持改革开放的正确方向，着力构建充满活力、富有效率、更加开放、有利于科学发展的体制机制。这30年来，中国人民的面貌、社会主义中国的面貌、中国共产党的面貌之所以能够发生历史性变化，最根本的就是我们在党的基本路线指引下始终坚持改革开放的正确方向。中国未来的发展也必须靠改革开放。实践永无止境，探索和创新也永无止境。世界上没有放之四海而皆准的发展道路和发展模式，也没有一成不变的发展道路和发展模式。我们既不能把书本上的个别论断当作束缚自己思想和手脚的教条，也不能把实践中已见成效的东西看成完美无缺的模式。我们要适应国内外形势新变化、顺应人民新期待，坚定信心，砥砺勇气，坚持不懈地把改革创新精神贯彻到治国理政各个环节，继续推进经济体制、政治体制、文化体制、社会体制改革创新，加快重要领域和关键环节改革步伐，坚决破除一切妨碍科学发展的思想观念和体制机制弊端，促进现代化建设各个环节、各个方面相协调，促进生产关系与生产力、上层建筑与经济基础相协调，不断完善适合我国国情的发展道路和发展模式。我们要坚持对外开放的基本国策，拓展对外开放广度和深度，提高开放质量，完善内外联动、互利共赢、安全高效的开放型经济体系，加强同世界各国的经济技术交流合作，继续以自己的和平发展促进世界各国共同发展。

我们一定要坚持抓好发展这个党执政兴国的第一要务，更好地做到发展成果由人民共享。在当前国际形势深刻变化特别是国际金融危机不断扩散和蔓延的情况下，我们要更加自觉、更加坚定地牢牢扭住经济建设这个中心，继续聚精会神搞建设、一心一意谋发展，坚持走生产发展、生活富裕、生态良好的文明发展道路。要深入贯彻落实科学发展观，坚持第一要义是发展、核心是以人为本、基本要求是全面协调可持续、根本方法是统筹兼顾，按照统筹城乡发展、统筹区域发展、统筹经济社会发展、统筹人与自然和谐发展、统筹国内发展和对外开放的要求，着力把握发展规律、创新发展理念、转变发展方式、破解发展难题，全面推进社会主义现代化事业，更好实施科教兴国战略、人才强国战略、可持续发展战略，加快推进经济结构战略性调整，加快提高自主创新能力、建设创新型国家，加快建设资源节约型、环境友好型社会，不断增强经济实力、科技实力、综合国力，提高国际竞争力和抗风险能力，为发展中国特色社会主义打下坚实基础。我们要切实实施好进一步扩大内需、促进经济增长的各项措施，妥善应对国际金融危机以及来自国际经济环境的各种风险，全力保持经济平稳较快发展。我们党领导人民全面建设小康社会、进行改革开放和社会主义现代化建设的根本目的，是要通过发展社会生产力，不断提高人民物质文化生活水平，促进人的全面发展。我们要时刻把群众的安危冷暖放在心上，真诚倾听群众呼声，真实反映群众愿望，真情关心群众疾苦，多为群众办好事、办实事，特别是要千方百计帮助困难群众排忧解难，切实抓好地震灾区灾后恢复重建，切实保障人民经济、政治、文化、社会权益，不断促进社会和谐稳定。

我们一定要坚持戒骄戒躁、艰苦奋斗，不断开创改革开放和社会主义现代化事业新局面。我们的事业是面向未来的事业。实现全面建设小康社会的目标还需要继续奋斗十几年，基本实现现代化还需要继续奋斗几十年，巩固和发展社会主义制度则需要几代人、十几代人甚至几十代人坚持不懈地努力奋斗。艰苦奋斗是我们的传家宝。我们党靠艰苦奋斗起家，我们的事业靠艰苦奋斗发展壮大，我们的幸福生活和美好未来也要靠艰苦奋斗去开创、去实现。全党全国各族人民要长期奋斗、顽强奋斗、不懈奋斗。我们要增强忧患意识，始终居安思危，保持清醒头脑，充分估计前进道路上种种可以预料和难以预料的困难和风险，进一步抓住和用好我国发展的重要战略机遇期，不断创造新的业绩。我们要增强学习的紧迫感和自觉性，刻苦学习马克思列宁主义、毛泽东思想特别是邓小平理论、“三个代表”重要思想以及科学发展观等重大战略思想，学习做好工作所需要的一切新知识，坚持求真务实，加强战略思维，树立世界眼光，提高对发展中国特色社会主义的规律性认识，增强工作的原则性、系统性、预见性、创造性，提高推动科学发展、促进社会和谐能力。我们要深入开展党风廉政建设和反腐败斗争，坚持标本兼治、综合治理、惩防并举、注重预防的方针，继续旗帜鲜明地反对腐败，切实改进作风，始终保持共产党人的蓬勃朝气、昂扬锐气、浩然正气。我们要自觉维护全党的团结统一，保持党同人民群众的血肉联系，巩固全国各族人民的大团结，加强海内外中华儿女的大团结，促进中国人民同世界各国人民的大团结，进一步把我们自己的事情办好，在发展中国特色社会主义的历史画卷上描绘出更新更美的图画。

同志们！

我们取得的成就已经载入史册，新的更加艰巨繁重的任务正摆在我们面前。我们的事业崇高而神圣，我们的前景光明而美好，我们的责任重大而光荣。让我们更加紧密地团结起来，坚定不移地沿着党的十一届三中全会以来开辟的中国特色社会主义道路奋勇前进，继续解放思想，坚持改革开放，推动科学发展，促进社会和谐，为夺取全面建设小康社会新胜利、开创中国特色社会主义事业新局面、实现中华民族伟大复兴而团结奋斗，努力为人类作出新的更大的贡献！

后记

我们正处在一个非常伟大的时代，这不仅仅是因为奥运举办、神七飞天，也不仅仅是因为已经飞跃海峡的团团和圆圆，更多的，还有我们正在经历的这样一个节点——全球性金融危机。赛车比赛中最重要的技术是转弯,同样都是顶级赛车的高手，往往就是在通过弯道后拉开了距离。目前这场危机，从一定程度说，也是各经济体正在进行的一次弯道锦标赛。世界金融中心华尔街风雨飘摇，贝尔斯登、美林、雷曼兄弟等金融大鳄相继倒下，那么，谁能在最后的阶段坚持并且胜（剩）出。

早在2008年年初，温家宝总理就说，今年也许是中国经济最为困难的一年。2008年年底，这一切都正在变为现实，而且，情况还在加重。金融危机是一场消灭财富的战争，在这场战争中，失败者既有穷人也有富人，换句话说，是穷人和富人一起遭殃。所以，当我们编辑这套《2008中国年谱》的时候，脊背后好像还在冒着丝丝凉意。

的确，2008年给人的感觉很不寻常。以前，我们也经历过地震，也应对过冰雪，也处置过很多不期而遇的事件，但唯独在2008年，这一切都裹挟在一起以更大强度的破坏力向我们涌来。大地震改变了世界对中国实力的看法，但我们依然是一个大而脆弱的后进国家。奥运会的成功举办让世界为之又惊又羡，但瞬间又陷入毒奶粉事件的惶恐之中。民族自豪的情绪还是抵不过世界经济危机的现实无奈，面对这场冲击我们又该有怎样的对策。

用黄仁宇的观点来看，中国现在已经跃入一个“数目字管理”的时代。所有的偶然性都有其必然性。从这个角度出发，中国今年遭受的种种磨难，都是一个崛起的势头当中必须经历的考验。从大历史的角度，这些考验都是肯定会最终通过的，但过程绝不会一帆风顺。出口遭受严重的打击，转向启动内需，囊中羞涩而又丧失了信心的民众，何以消费？社会保障体系不健全，企业投资效率低下，法治建设任重道远，腐败层出不穷，而制度与公平却是最稀缺的资源，做何抉择？也正是从这个意义上说，《2008中国年谱》这套丛书选取的视角是契合现实的考量并兼顾未来的方向的，是思考了眼前的问题和准备好从新的起点出发的要求的，因而，是一定要为未来我们的选择做历史的见证的。无论是对《汶川汶川》的沉思还是对《三鹿悲“聚”》的追问，无论是对《金融海啸》的质疑还是对《中国救市》的解剖，也无论是对《奥运你好》的珍藏还是对《网络新政》的激荡，总之一句话，真真实实摆在我们面前需要我们做的，都是最最重要的，告别《黑色记忆》的悲痛，远离《虎门之争》的喧嚣，昂起头来，深化《民生治政》，谱写一曲更加辉煌的《看这30年》。

此时此刻，我们似乎又回到一个原点——改革。为应对国际金融危机对中国经济的冲击，中央决定实施积极的财政政策和适度宽松的货币政策，并确定今后两年内4万亿元的投资安排。可以想见，这次历史罕见的大规模投资，对抵御外部危机冲击、拉动经济增长将起到积极作用。但这还远远不够。目前一个最重要的问题，是面对这次国内经济遇到的困难和矛盾，很多人并没有从内心深处去反省造成问题的原因。虽然有外部影响，但主要是因为中国自身的经济增长方式出现了问题。换言之，即使没有国际金融危机的影响，我们的经济增长方式也难以为继。转变增长方式，早在20世纪90年代中期就提出来了，但到现在也没有转变过来，根本原因就在于改革滞后、甚至停滞不前。如果我们能利用这次危机，加快改革进程，理顺几大关系，我们就有可能成为此次金融危机的受益者。否则，只会进一步加剧社会矛盾，扩大社会不稳定因素，给未来的经济发展埋下更大的隐患。

多少年来，“将牛奶倒在河里”几乎成了大萧条的一个符号。只不过原来说牛奶是资本家倒的，是为了维持他们的垄断利润。后来有人发现，牛奶原来是农民或农业工人倒的，目的当然也是为了维持可以有利润的价格，至少是不愿意在赔本的情况下再赔上汽油钱将牛奶运到城里去。不管怎么说，被倒掉的牛奶成了大萧条或生产过剩危机的一个符号或象征。但在2008年，我们这里也不断传来奶农倒奶的消息。那么，这背后又给我们怎样的警示呢?

编 者

2008年12月31日